Wolfgang Zielke

Geistiges Fitness-Training

D1719050

Weitere Titel der Reihe »Arbeitstechniken«:

Wolfgang Zielke

Geistiges Fitness-Training

Durch Schulung der Aufmerksamkeit zu besseren Denkleistungen

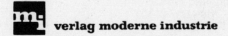

verlag moderne industrie

© 1978 Alle Rechte bei Verlag Moderne Industrie,
Wolfgang Dummer & Co., 8000 München 50,
für die gekürzte Taschenbuchausgabe von
»Geistiges Fitness-Training«
Druck: Presse-Druck Augsburg
Bindearbeiten: R. Oldenbourg, München
Printed in Germany · 590 422 / 477 502
ISBN 3-478-59422-7

Inhaltsverzeichnis

Dieses Übungsbuch wurde zusammengestellt, um übungswilligen Lesern ein geistiges Training zu ermöglichen. Es enthält in drei Stufen Übungsmaterial, das zu geistiger Beweglichkeit führt.

Voraussetzung: Die Übungen werden kontinuierlich durchgeführt. Wer lediglich ein paar Anregungen erhalten möchte, kann auch in dem Buch hin und her springen und sich hier oder dort heraussuchen, was ihm Spaß macht. Ein Training ist das nicht, die Erfolge werden wahrscheinlich im kleinen Rahmen bleiben. Wünschen Sie hingegen einen echten Gewinn, der sich in vielen Fällen sogar messen läßt, dann müssen Sie systematisch arbeiten, d. h. Schritt für Schritt vorangehen und dürfen nichts überspringen.

Manche Übungen sind sogar mehrfach durchzuführen oder durch artverwandte in der Praxis zu ergänzen.

Unser Buch ist auf 30 Trainingseinheiten abgestimmt. Die Bearbeitungszeit kann, von Leser zu Leser, unterschiedlich sein. Anfangs könnte sie eine Stunde oder mehr betragen, mit wachsender Übung brauchen Sie weniger Zeit.

An einem Tag sollte keinesfalls mehr als eine Trainingseinheit durchgegangen werden. Zwischen den jeweils 6 verschiedenen Übungen einer Einheit können, müssen aber nicht, längere Pausen liegen.

Es ist auch denkbar, die 6 Übungen einer Trainingseinheit auf mehrere Tage zu verteilen, doch darf das Gesamtprogramm nicht zu weit auseinandergezogen werden. Eine halbe Stunde täglicher Übungen ist als Minimum anzusetzen. Zu lange Zwischenzeiten, Unterbrechungen zwischen Übungen oder Übungseinheiten gefährden den ganzen Übungserfolg.

Wir beginnen die Arbeit mit einer Messung, die in keinem unmittelbaren Zusammenhang mit den eigentlichen Übungen steht. Sie soll Ihnen vielmehr zeigen, welche geistigen Leistungen Sie derzeit aufbringen. Eine zweite Messung, genau der gleichen Art, finden Sie am Schluß des Buches. In diesen Schlußtext und die dazugehörigen Auswertungsseiten dürfen Sie keinesfalls hineinblicken, bevor Sie durch das Übungsprogramm gelaufen sind, sonst erhalten Sie keinen Aufschluß über Ihren Leistungsgewinn.

Und nun viel Spaß und guten Erfolg am und mit dem »Geistigen Fitness-Training«.

Auf den folgenden 4 Seiten finden Sie einen Text, an dem wir verschiedene Messungen durchführen wollen, damit Sie wissen, mit welchem Verständnisgrad Sie derzeit arbeiten. Sie sollten außerdem wissen, welche Gedächtnisleistung Sie jetzt aufbringen, wie beobachtungsgenau Sie arbeiten und ob Ihnen Verarbeitungsentscheidungen leichtfallen.

Da bei alldem auch der Zeitaufwand bedeutsam ist, messen Sie bitte die benötigte Arbeitszeit.

Gehen Sie so vor:

Merken Sie sich die Zeit, zu der Sie den Text zu lesen beginnen. Lesen und bearbeiten Sie den Text dann ruhig, aber möglichst zügig, so, daß Sie seinen Inhalt verstehen. Dabei sollten Sie sich auch die wichtigsten seiner Aussagen merken und versuchen, die Einzelheiten zu behalten, die des Behaltens wert sind. Sollten Sie Druckfehler finden, streichen Sie diese kurz an. Schauen Sie dann nochmals auf die Uhr und stellen Sie fest, wie viel Zeit Sie für das Lesen und die damit verbundene geistige Arbeit benötigten. Arbeiten Sie gerade so, wie Sie auch sonst lesend lernten.

Auf den dem Meßtext folgenden 4 Seiten finden Sie Fragen, die zu beantworten sind. Beim Vergleich Ihrer Antworten mit denen im Lösungsteil finden Sie Bewertungspunkte, die Ihnen Ihren derzeitigen Leistungsstand aufweisen.

Die Vergleichsmessung, am Ende unseres Buches, ermöglicht zu kontrollieren, wie weit Sie unser Training voranbrachte.

Übrigens: Sie dürfen den Meßtext, wenn Sie wollen, mehrmals lesen. Sie dürfen auch Unterstreichungen darin anbringen oder sich am Rand Notizen machen. Nur muß das alles in der gemessenen Lesezeit geschehen.

Sie dürfen aber nicht, nachdem Sie Ihre Zeit gestoppt haben, in den Text oder Ihre Notizen und Marken einsehen, bevor Sie die Messung auswerteten.

! Nehmen Sie eine Uhr zur Hand und notieren Sie hier den Lese- bzw. Arbeitsbeginn:

Meßtext zu bearbeiten begonnen: .... h .... min

Meßtext*

Kommunikationstechnik I

Dieser Beitrag betrachtet Kommunikation als Austausch von Mitteilungen (Nachrichten, Informationen) zwischen Personen. Technik sieht er im Sinne zweckmäßigster und wirtschaftlichster Beherrschung der Mittel, also als Handlungsweise. Wir besprechen hier nicht die Mittel selbst, nicht die Grundlagen oder Ergebnisse ingenieurmäßiger Konstruktionsarbeit. Beispielsweise tauchen Personen über das gesprochene Wort Mitteilungen per Telefon aus. Dann interessiert uns hier, wie sich Sprecher und Hörer zweckmäßig verhalten, nicht aber Fernsprechgeräte, Vermittlungsstellen und Verbindungswege. Wie man von der Sprechtechnik in rhetorischer Sicht spricht oder Lesetechniken erlernt, um höhere Leseleistung zu erreichen, behandeln wir in diesen Ausführungen unter Technik der Kommunikation.

Kommunikationstechnik als Rationalisierungsaufgabe

Betrachtet man den Begriff Rationalisierung in seinem ursprünglichen Sinne, nämlich als Austausch bisher gepflogener Verfahren durch vernunftsgemäßere, so findet man auf geistigem Feld viel Arbeit. Verwunderlicherweise betrachtet man Rationalisierung jedoch nahezu ausschließlich als Automatisierung oder ingenieurmäßige Technisierung. Bei den dann getroffenen Maßnahmen mangelt es dann an Ratio (Vernunft). Es ist daher nicht nur vernünftig (rationell), sondern auch höchst notwendig, den Hebel der Rationalisierung auch, wenn nicht gar hauptsächlich, bei giestiger Arbeit anzusetzen. Genau betrachtet, enthält das Wort Technik, wie wir es auslegen, den ursprünglichen Sinn des Wortes Rationalisierung. Kommunikationstechnik heißt damit vernunftgemäßes Handeln beim Austausch von Gedanken.

Kommunikationstechnik wirkt von den Ecken eines denkbaren vierseitigen Kommunikationsfeldes. Die vier Ecken besetzen Sprecher und Hörer (in einer Diagonalen gegenüber), Schreiber und Leser (ebenfalls diagonal einander gegenüber). Sprecher und Schreiber wirken in dieses Feld hinein, Hörer und Leser entnehmen ihm die hineingegebenen Gedanken / Informa-

---

* Aus: Management-Enzyklopädie III

8

tionen. Eingabe und Ausgabe sind rationalisierbar. Da jeder Mensch wechselweise andere Ecken einnimmt, profitiert auch jeder von dem, was er selbst an Rationalisierung in das umschlossene Feld einfließen läßt, und hat vierfachen, besser gesagt: vielfachen Gewinn, wenn alle Beteiligten Gleiches tun.

Da für Sprechen, Schreiben, Lesen, Hären zudem viele Regeln gemeinsam gelten, ergeben sich außerdem laufend Transfereffekte. So lernt beispielsweise der Leser bei einem Lesetraining unbewußt, sich selbst zweckmäßiger und wirksamer zu äußern, profitiert auch gleichzeitig als Sprecher und als Schreibender. Wer einen Rednerkursus durchläuft, lernt damit zugleich, aufmerksamer zu hören, d. h. Gedanken, in Form des gesprochenen Wortes codiert, aufzunehmen und zu verarbeiten.

Daraus folgt nahezu zwingend, daß alle Manager, die sich nicht optimal mündlich äußern können, Lesetechniken nicht ausreichend beherrschen, Mühe haben, Gedanken zu Papier zu bringen, oder rechtes Hören nie übten, sich in Kommunikationstechniken schulen sollten.

Mit jeder einzelnen Schulungsmaßnahme wächst zudem noch der Gewinn an weiteren Stellen, die zweifellos eng in unseren Bereich gehören: Man lernt es, sich besser, schneler und gründlicher zu konzentrieren, übt sich, sorgfältiger zu beobachten, verbessert sein Gedächtnis. Damit gewinnen Kommunikationstechniken Bedeutung für den gesamten Arbeitsbereich und darüber hinaus für die private Sphäre. Ihr Training wird kurz über lang ein fester Bestandteil der Managementausbildung sein und weitere Kroise ziehen, d. h. bis in die Aus- und Weiterbildungsprogramme tieferer Schichten der Betriebshierarchie hinabstoßen. Daß es nötig wäre, derartige Rationalisierungsmaßnahmen — wenn auch graduell angepaßt — auf die Schulen auszudehnen, ist nachVorangesagtem leicht einzusehen.

Methodik der Kommunikation

Wie wir von jüngeren Lehr- und Lernverfahren her wissen (z. B. der Programmierten Instruktion), besteht eine der Grundvoraussetzungen wirksamer Gedankenübermittlung darin, die Informationsmenge in richtige Ainheiten einzuteilen. Lerneinheiten dürfen keinesfalls zu groß sein, damit sie der Informand aufnehmen kann. Damit bekommt auch die Gesamtinformationsmenge Bedeutung für den Lernerfolg. Erfahrungsgemäß halten die meisten Informatoren die Informationsmenge zu groß.

Zweierlei muß jeder Informierende vorweg beachten:

1. Die Gesamtinformationsmenge ist so streng wie möglich zu begrenzen.
2. Er hat sich selbst klar darüber zu werden, was er eigentlich mitzuteilen wünscht, d. h., er hat zwischen Mitteilungsinhalt und Mitteilungsform zu unterscheiden.

Betrachtet man die Gesamtmenge des Mitteilungsinhaltes als Start und die Aufnahme der Information seitens der Informanden als Ziel und überblickt die dazwischenliegende Strecke, so wird diese einteilbar. Schlicht gesagt: Sprecher oder Schreiber sollten nicht mehr mitteilen, als der Hörer oder Leser wirklich aufzunehmen hat. Gegen diese Grundregel, fast rangiert sie schon im Bereich der Binsenweisheit, verstoßen Sprecher und Schreiber in der Betriebspraxis laufend. Muß z. B. jemand, den man über die Geschichte der Firma informieren will, alle persönlichen Daten der Firmengründer usw. kennen? Muß man einem Kunden, der etwas über bestimmte Kunststoffeigenschaften wissen will, genaue Erklärungen der Vorgänge bei Polymerisation und Polyaddition geben? Sollte man einer anzulernenden Kraft, die schnell lernen soll, Kabelbäume zu binden, die Grundlagen der Elektrotechnik beibringen?

Wenn zu überflüssigem Inhalt noch überflüssige Worte gemacht werden, wächst die gefahr, daß von den vermittelten Gedanken nur ein Teil aufgenommen und verarbeitet wird. Auch ein Zuviel an Worten für den wirklich benötigten Mitteilungsinhalt wirkt negativ. Die Fragen, die sich der Informator stellen muß, lauten: Wieviel weiß der Informand schon? — das brauche ich ihm nicht nochmals zu sagen oder zu schreiben.

Wieviel muß er wissen? — und ich ihm folglich mitteilen.

Wieviel von dem, was ich mitteilen will, ist ohne Bedeutung für den Empfänger? — sollte ich folglich weglassen.

Sind diese Fragen geklärt und wird nach entsprechender Einsicht verfahren, so reduzieren sich Inhaltsmenge, Wortzahl, Zeit- und Arbeitsaufwand für alle. Der Informand beantworte auch ein paar Fragen, weil die Antworten für ihn entscheidend die weitere Arbeit beeinflussen:

Was von dem Dargebotenen weiß ich schon? — daran braucht dann keine bewußte Assoziationsarbeit vorgenommen zu werden.

Was von dem Übermittelten muß ich wissen? — und folglich meinem eigenen Assoziationsmodell einflechten.

Wie lange muß ich dieses Wessen zugriffbereit haben — von wesentlicher Bedeutung für die geistige Verarbeitung bei der Aufnahme.

Wieviel von dem Dargebotenen brauche ich nicht zu wissen? — und dann ebenfalls nicht zu bearbeiten.

Daß die Folgehandlungen zum Teil noch anderen Einflüssen unterliegen, sei nur kurz am Beispiel des Gespräches verdeutlicht: Wenn ein Sprecher Dinge darbietet, die der Hörer nicht zu wissen braucht, kann dieser dennoch, schon aus Höflichkeitsgründen, nicht einfach abschalten und an etwas anderes denken. Damit, daß Informationsmenge und in der Folge die Darbietungsform und somit der Umfung festgelegt werden, erleichtert man methodisches Vorgehen. Methode heißt ja der Weg. Der Weg, der Informierende und Informierte verbindet, sollte in gemeinsamer Arbeit so gangbar gemacht werden, daß alle gut auf ihm vorankommen. Schon diese groben Betrachtungen sollten in jedem geistig Schaffenden die Einsicht erwecken, daß ein ständiges Bemühen um beste Kommunikationstechniken notwendig ist.

Ende des Meßtextes
(Rund 1000 Wörter)   Schauen Sie auf die Uhr!
Wieviel Zeit brauchten Sie, um den Text zu bearbeiten?

.... Min. .... Sek.

Wenn Sie Ihre Lese- bzw. Arbeitsgeschwindigkeit, in Wörtern pro Minute gemessen, interessiert — aus dieser Tabelle können Sie es (entsprechend Ihrem Zeitverbrauch) erfahren:

Arbeits-Zeit	Wörter pro Min.	Arbeits-Zeit	Wörter pro Min.	Arbeits-Zeit	Wörter pro Min.
1 min 00 sek	1000	3 min 10 sek	315	7 min 00 sek	146
1 min 10 sek	866	3 min 20 sek	300	8 min 00 sek	125
1 min 20 sek	750	3 min 30 sek	286	9 min 00 sek	110
1 min 30 sek	670	3 min 40 sek	273	10 min 00 sek	100
1 min 40 sek	600	3 min 50 sek	260	12 min 00 sek	84
1 min 50 sek	540	4 min 00 sek	250	14 min 00 sek	73
2 min 00 sek	500	4 min 20 sek	230	17 min 00 sek	60
2 min 10 sek	460	4 min 40 sek	214	20 min 00 sek	50
2 min 20 sek	430	5 min 00 sek	200	25 min 00 sek	40
2 min 30 sek	400	5 min 20 sek	188	30 min 00 sek	33
2 min 40 sek	375	5 min 40 sek	177	40 min 00 sek	25
2 min 50 sek	353	6 min 00 sek	167	50 min 00 sek	20
3 min 00 sek	333	6 min 30 sek	154	60 min 00 sek	17

Zwischenwerte abschätzen
Glauben Sie, den Inhalt des Textes ausreichend verstanden zu haben?
Versuchen wir es zu messen:
Schreiben Sie zunächst die Hauptgedanken des Textes in Stichwörtern nieder:

....

....

Versuchen Sie nun mit Hilfe der notierten Stichwörter den Inhalt in möglichst kurzer Formulierung (1 bis 3 Sätze) in Ihren Worten zu umreißen:

....

....

....

....

(Wenn Schreiblinien nicht reichen, auf Zettel weiterschreiben)
Wie viele Punkte haben Sie erreicht?
(Schauen Sie im Lösungsteil auf Seite 130 nach.)

Erreichte Verständnispunkte ....

100 Verständnispunkte sind erreichbar. Eine hohe Punktzahl ehrt Sie, garantiert aber noch kein gutes Gedächtnis für Einzelheiten und Fakten. Versuchen wir auch das zu messen.

Bitte beantworten Sie folgende Fragen schriftlich auf einem Zettel:

1) Wie betrachtet der Artikel Kommunikation?
2) Als was sieht er Technik an?
3) Was heißt Rationalisierung ursprünglich?
4) Wie legt man den Begriff aber meistens aus?
5) Was heißt nach Vorangesagtem Kommunikationstechnik?
6) Wie sind die Ecken eines gedachten Kommunikationsfeldes besetzt?
7) Was gilt für die verschiedenen Kommunikationsformen?
8) Was ergibt sich infolgedessen laufend?
9) Welche Beispiele führt der Text hierfür an?
10) Welche zwingende Folge betont der Text?
11) Welche Nebengewinne führt der Text in diesem Zusammenhang an?
12) Was wird (laut Text) mit dem Training von Kommunikationstechniken geschehen?
13) Was wäre aber auch nötig?
14) Welche Grundvoraussetzung wirksamer Gedanken (Informationsübermittlung) wird genannt?
15) Welche zwei Punkte sollte
16)   ein Informierender beachten?
17) Wie wird gegen diese »Binsenweisheit« laufend verstoßen?
18) Welche drei Fragen   1.
19)   sollte sich   2.
20)   der Informator stellen?   3.
21) Was reduziert sich, wenn die Fragen geklärt sind?
22) Welche vier Fragen   1.
23)   sollte sich   2.

24)   der zu Informierende   3.
25)   stellen?   4.

Für jede richtige Antwort (siehe Lösungsteil Seite 131) schreiben Sie sich
4 Punkte zu.

Erreichte Behaltenspunkte ....

Das Verstehen eines Textes ist fast immer das Wichtigste. Hierfür sollte
man sich schon um 100 Punkte mühen.

Wieviel der Leser von den Einzelheiten behalten will, entscheidet er von
Fall zu Fall selbst. Auch hier sind 100 Punkte nach unserem System zu erreichen. Ob man sie jedoch anstreben soll, wäre in der Praxis sorgfältig zu
entscheiden. Wenn Sie eine hohe Behaltenspunktzahl erreichten, dann ehrt
das vor allem Ihr Gedächtnis.

Nun aber zu Ihrer Beobachtungsgenauigkeit.

In der größten Zahl der Fälle stören Druckfehler mehr das ästhetische
Empfinden als das Inhaltsverständnis. Man kann über sie hinweglesen. Hier
aber wollten wir sehen, ob Sie zu dem vorgenannten wichtigen Verstehen
und Behalten auch genau hinschauten.

Welche 10 Druckfehler enthält der Text:

1. ....

2. ....

3. ....

4. ....

5. ....

6. ....

7. ....

8. ....

9. ....

10. ....

Wenn Sie im Text die Druckfehler angestrichen haben, dann dürfen Sie
vor dem Ausfüllen obiger Zeilen nochmals nachsehen. Weitere Fehler, die
Sie vielleicht dabei noch finden, zählen aber jetzt nicht mehr für Ihre Beobachtungsgenauigkeit.

Für jeden — beim vorherigen Lesen gefundenen Fehler — (Lösungsteil
Seiten 131/132) schreiben Sie sich 10 Beobachtungspunkte zu.

Punktzahl Beobachtungsgenauigkeit ....

Wenn Sie in allem top-fit sind, dann könnten Sie unterdessen 300 Punkte erreicht haben. Wahrscheinlich werden es weitaus weniger sein. Aber nochmals könnten Sie 100 Punkte gewinnen, wenn Sie nunmehr, aufgrund der über unseren Meßtext gewonnenen Informationen, richtige Entscheidungen treffen.

Schreiben Sie auf folgende Linien oder einem Sonderblatt nieder, zu welchen Einstellungen oder Handlungen Sie der Text veranlaßt:

....

....

....

....

....

....

....

....

....

....

....

Schauen Sie im Lösungsteil (Seite 132) nach und schreiben Sie sich für jede Übereinstimmung nochmals 20 Punkte zu: (Sollte Sie der Inhalt zu keiner Entscheidung beeinflußt haben, Sie ihm gar nichts für sich entnehmen können oder seinen Inhalt — aus welchen Gründen immer — einfach ablehnen, dann können und brauchen Sie an dieser Bewertung nicht teil(zu)-nehmen.)

Sie haben nunmehr

....	....	Beobach-	Ent-	Insgesamt
erreichte	erreichte	tungs-	scheidungs-	Punkte
Verständnis-	Behaltens-	genauigkeits-	Punkte	
Punkte	Punkte	Punkte		

Vergleichen Sie nach Durchgang durch die 30 Trainingseinheiten mit der Schlußmessung.

Teil I – Übungsgrundstufe

1. Trainingseinheit

Vermutlich lagen Sie bei der Bewertung der Beobachtungsgenauigkeit und des Behaltens nicht sehr gut im Rennen. Beides aber stellt Ihnen die Informationen bereit, mit denen Sie geistig zu schaffen haben. Mühen wir uns deshalb zunächst, die Beobachtungsgenauigkeit zu schulen.

In der folgenden Beobachtungsübung finden Sie Doppelzeilen von Ziffern $= \frac{1234567890}{1234567390}$. Wandern Sie mit dem Blick zwischen diesen Zeilen zügig einmal entlang (ohne Bleistift oder dergleichen) und vermerken am Rand, wie oft in der unteren Zeile ein Zeichen nicht dem genau darüber stehenden entspricht.

In unserem Beispiel oben war es die zweite 3 der unteren Zeile, unter der 8 in der oberen. Wenn Sie die Übung später wiederholen wollen, dann legen Sie jetzt ein transparentes Papier über die Eintragekästchen und schreiben darauf.

Beobachtungsübung 1

```
12345678901234567890123456789012345678901234567890
12343678901284567890123450789012375678901234567390

09876543210987654321098765432109876543210987654321
69876573210937654821098765432169376543710987654327

13579246801357924680135792468013579246801357924680
15379246801357942680135792468613579286801351924680

08642975310864297531086429753108642975310864297531
08642975310894297531086429153108642975310894297531

13692581470369258147036925814703692581470369258147
13692781470366258147036925314103692581416369258147

48260482604826048260482604826048260482604826048260
48260482604826048260482664826048260482604326048260
```

Schauen Sie nun im Lösungsteil Seite 136 nach und vermerken Sie, wie viele Abweichungen Sie übersahen.

Übertragen Sie das Ergebnis dieser Übung in die Kontroll-Liste auf Seite 136.

Wörter sind Bausteine der Gedanken. Sicher ist es wichtig, die Bausteine gut und richtig zusammenzusetzen, damit, je nach Zweck, ein erhabenes Gebäude oder gut zu nutzende Räume entstehen.

Zunächst muß aber genug Baumaterial da sein. Vom Umfang des aktiven Wortschatzes hängt wesentlich die Denkarbeit, die geistige Beweglichkeit, ab. Wir geben Ihnen deshalb in der Grundstufe sogenannte Synonymübungen zur Aktivierung des Gebrauchswortschatzes. Sie bestehen darin, daß Sie in kurzer Zeit versuchen sollen, möglichst viele sinnverwandte Ausdrücke zu einem vorgegebenen Wort zu finden. Nehmen wir an, das Wort lautet »ertragen«, dann könnten Sie schreiben: dulden, erdulden, leiden, sich abfinden, in etwas ergeben, es hinnehmen, damit fertig werden, ausstehen u. v. a.

Synonymübung 1

Schauen Sie auf Ihre Uhr und schreiben Sie dann innerhalb von 10 Minuten Ersatzwörter für den Begriff »essen« auf. !!! Es kommt dabei weder auf Schönschrift noch auf Rechtschreibung an — nur möglichst viele Wörter sollten Sie finden. Wenn untenstehende Schreibzeilen nicht reichen, nehmen Sie einen Zettel zur Hilfe.

....

....

....

....

....

....

———————

Zahl der gefundenen Synonyme

Schreiben Sie dann auf die dicke kurze Linie, wie viele Synonyme Sie fanden. Übertragen Sie die Zahl in die Kontroll-Liste auf Seite 136.

Übrigens, das Duden-Taschenbuch 2 (»Wie sagt man doch?«) führt über 60, der Dornseiff (»Der deutsche Wortschatz nach Sachgruppen«) weit über 100 Synonyme auf. Sie sollten sich ein gutes Synonymwörterbuch zulegen, dann können Sie vergleichen und Neues hinzulernen.

Zu viel Wörter — zu wenig Inhalt! Das ist eines der herbsten Probleme in der geistigen Arbeit. Gewöhnen Sie sich an, kurz und präzise zu sagen oder zu schreiben, was Sie denken. Sie sparen sich und anderen Zeit. Schleppen Sie auch nicht Ballast mit, wenn andere (Sprecher oder Schreiber) Ihnen ein Zuviel aufbürden wollen. Unsere Übersetzungsübungen helfen Ihnen dabei. So sind Übersetzungsübungen durchzuführen: Sie lesen, so schnell Sie können, einen Satz. Wenn es möglich ist, erfassen Sie ihn mit einem Blick. Dann schreiben Sie auf die darunter stehende Linie seinen Inhalt in knapper Formulierung nieder. Dabei braucht kein korrekter neuer Satz zu entstehen. Es können z. B. 2 Stichwörter, die durch ein Operationszeichen verbunden sind, die Übersetzung sein.

Beispiel: Der Wohnblock lag langgestreckt da und glich in seinem äußeren einer Fabrikhalle.
Übersetzung: Hausaussehen = Fabrikhalle

Übersetzungsübung 1

a) Die Menge der Bücher war nicht zu überblicken.

......

b) Das anstehende Problem ist schon außerordentlich alt.

......

c) Ergebnisse ließen sich nicht erkennen.

......

d) Es ist unbedingt nötig, eine Wiederholung vorzunehmen.

......

e) Dieser Weg führt schnurstracks zu dem angestrebten Ziel.

......

f) Er arbeitete vom frühen Morgen bis zum späten Abend.

......

g) Diese Worte sollten Sie sich hinter die Ohren schreiben.

......

h) Sie gingen in hohem Tempo ihres Weges.

......

Lösungsvorschläge auf Seite 139.

Knappe und präzise Ausdrucksweisen müssen nicht die Sprache verarmen. Das verdeutlichen schon unsere Synonymübungen. Geistiger Beweglichkeit und zugriffsicherem Wortschatz dienen auch unsere Umpolungs-Übungen. Dabei kommt es darauf an, die Übung in möglichst kurzer Zeit durchzuführen. Diese Übungen bestehen darin, zu einer Reihe vorgegebener Begriffe schnellstens die entgegengesetzten Aussagen zu finden.

Z. B.: gut — schlecht.

Anfangs brauchen Sie jeweils nur einen Gegenbegriff zu finden, später werden Ihnen mehrere abverlangt: gut — schlecht, ungut, böse, miserabel . . .

Fällt Ihnen spontan kein Gegenbegriff ein, dann lassen Sie das Wort aus.

Umpolungsübung 1

Schreiben Sie in kürzestmöglicher Zeit und bei nur einmaligem Durchgang die Gegenbegriffe zu folgenden Wörtern nieder (keine Wörter doppelt verwenden):

heiß	schön	weich ....
dumm	echt	groß ....
gespannt	erfahren	gesichert ....
gelassen	tückisch	gelobt ....
blaß	verkrampft	seicht ....
gütig	geizig	fahrig ....
erschlafft	gebückt	hinfällig ....
simpel	schmal	eng ....
zackig	rauh	gekörnt ....
bunt	farbig	schillernd ....

Sie finden auf Seite 226 Lösungsvorschläge, doch gelten für Sie auch andere Begriffe, wenn Sie wirklich das Gegenteil der vorgegebenen Wörter sind.

Wieviel Zeit benötigten Sie: .... Minuten .... Sekunden.
Wie viele Gegenbegriffe schrieben Sie nieder (von 30 möglichen)?

Wir kommen nun zu einer Übung, die anfangs sehr einfach durchzuführen ist, die aber im Verlauf unseres Programmes immer anspruchsvoller wird. Mit dieser Übung schulen wir Verstehen und Behalten gleichermaßen. Ihr Sinn liegt darin, Gedankenzusammenhänge, die mitunter sehr kompliziert sind, optisch zu verdeutlichen. Damit gewinnt man in kürzerer Zeit den besseren Überblick und macht den Inhalt einprägsamer.

Wir nennen diese Maßnahme »Strukturübungen«.

Zunächst kommt es darauf an, Ursachen und Folge in die richtige Beziehung zu setzen.

Beispiel: Ein Satz lautet: Die hohen Lohnforderungen gehen auf steigende Lebensunterhaltungskosten zurück.

Dann sollte die Struktur so aussehen:

steigende Unterhaltungskosten

↓

hohe Lohnforderungen

Die Ursache erscheint zuerst oberhalb der danach niederzuschreibenden Folge.

Ursache und Folge werden durch einen Pfeil verbunden. Obwohl man die Verbindung auch anders darstellen kann, halten Sie sich bitte an diese Form. Sie werden den Grund später erfahren. Bemühen Sie sich auch hier um stichwortartige Zusammenfassungen. Die Zeit braucht nicht gemessen zu werden.

Strukturübung 1

Strukturieren Sie folgende Sätze: (auf einem Extrazettel)

a) Intensiv durchgehaltene Denkübungen führen zu geistiger Beweglichkeit.
b) Die Kondensatbildung lag in der fehlverlegten Dampfdruckausgleichsschicht.
c) Es kam zu dem Streit, weil man sich nicht über die Verteilung der Rollen einigen konnte.

Vergleichen Sie mit unseren Lösungsvorschlägen (Seite 147). Eine Bewertung ist hier leider nicht möglich.

Lassen Sie aber gerade diese Übungen auf keinen Fall aus, denn wenn die Grundlagen nicht selbstverständlich sind, gelingt es später nicht, die anspruchsvolleren Aufgaben zu lösen.

Nehmen Sie sich nun ein Stück glatten Karton, z. B. eine Spielkarte. Üben Sie sich ein wenig darin, durch eine Zug- und Streckbewegung die Finger 5 bis 8 mm auf- und abzubewegen (s. auch Zeichnung). Wenn Sie es geschickt handhaben, gibt Ihnen ein solches Tun später im Übungsmaterial eine Zeichengruppe bzw. das Teilstück einer Zeile für einen »Augenblick« der Sicht frei. Darauf kommt es auch an: In möglichst kurzer Zeit, mit nur einem Blick, etwas genau zu erfassen.

Blitzkartenübung 1

Gehen Sie nun mit Ihrem Kartonstück in nebenstehendem Kästchen Zeile für Zeile auf die erwähnte Weise abwärts. Jede Zeile dabei nur einmal auf- und sofort wieder zudecken. Danach aufschreiben, was Sie gesehen haben. Schließlich vergleichen Sie die Notizen des Erfaßten mit dem Übungsmaterial und streichen hierbei eventuelle Fehler an. Es kommt nicht so sehr auf die Gesamtübungszeit an, als darauf, daß die einzelnen Aufblendungen möglichst kurz sind.

Nach der Kontrolle tragen Sie das Ergebnis in die zugehörige Liste auf Seite 157 ein. Pro richtig gesehener Zeile (insgesamt sind es 25) schreiben Sie sich 4 Punkte gut.

+

```
      8
   3 ｜ 5
   6 ｜ 7
 4   8   0
 1   3   5
 6   9   2
9 7 ｜ 4   1
7 5 ｜ 2   0
3 6 ｜ 9   2
4 1 ｜ 7   8
2 4 ｜ 6   0
1 5 ｜ 9   2
8 3 ｜ 6   3
9 5 ｜ 7   3
8 4 ｜ 6   2
1 0 ｜ 1   3
1 6 ｜ 7   2
6 3 ｜ 9   2
7 5 ｜ 5   7
9 1 ｜ 0   2
8 3 ｜ 7   5
2 4 ｜ 6   9
3 1 ｜ 7   0
2 8 ｜ 4   6
1 4 ｜ 7   6
```

Erreichte Punktzahl ....

2. Trainingseinheit

Beobachtungsübung 2

```
1234567890123456789012345678901234567890123456789o
1234567890123456789612345678901234567890723456789o

0987654321098765432109876543210987654321098765432l
0687654321098765482109876543216987654321098765438l

1357924680135792468013579246801357924680135792468o
1352924686135798468013579246301357926680185792468o

0864297531086429753108642975310864297531086429753l
0864297531686429753108642975310864297531086426753l

3692581470369258147036925814703692581470369258147o
8692581470869258147036925874103692581470869258147o

4826048260482604826048266482604826048260482604826o
48260782664826048260432607826045260487604826018760

5050505050505050505050505050505050505050505050505o
5050505050505050505050505050505060505050505050505o

6248062480624806248062480624806248062480624806248o
6248062480624809248062480674806248062880624806248o

7418529630741852963074135296307418529630741852963o
7418529630741862963024185296307418529630741857963o

8642086420864208642086420864208642086420864208642o
8672086426864208642086420864203642686420867208642o

9876543219876543219876543219876543219876543219876 5
9876543210876543219376543219873543219876543213876 5

3838383838383838383838383838383838383838383838383 8
3838383838383838583838383803838383838583838383838 8
```

Linke Linie   =   Zahl der Abweichungen, die bei einmaligem Durch-
                     gang gefunden wurden.
Rechte Linie   =   Differenz zur tatsächlichen Zahl der Abweichungen
                     (Lösungsteil Seite 136 entnehmen).

Ergebnis in der Kontroll-Liste auf Seite 136 eintragen.

Synonymübung 2

Schreiben Sie innerhalb von 10 Minuten (Zeit stoppen) so viele sinnverwandte Ausdrücke auf, als Ihnen zu dem Begriff »krank sein« einfallen:

....

....

....

....

....

....

....

....

....

....

....

Zahl der gefundenen Synonyme: ....

Übertragen Sie die Zahl in die Kontroll-Liste auf Seite 137.

(Dornseiff nennt über 60 und widmet der Begriffs-Familie »Krankheit«
mehrere Seiten.)

Übersetzungsübung 2

Es gilt wieder 10 Sätze in die persönliche Ausdrucksform zu übertragen, dabei den einzelnen Satz sehr schnell aufzunehmen und spontan vollinhaltlich, aber in verkürzter Ausdrucksweise, wiederzugeben:

a) Eine alte Einsicht sagt, daß Geiz niemals satt wird.

......

b) Durch intensive Fragen kommt man zu Erkenntnissen.

......

c) Um sich gut zu entspannen, bedarf es einer gleichförmigen Tiefatmung.

......

d) Eine mehrere Wochen dauernde regenlose Zeit ließ die Ernte verdorren.

......

e) Seine abgrundtiefe Häßlichkeit erschreckte alle, die ihn sahen.

......

f) Jeder ist verpflichtet, zum allgemeinen Wohl beizutragen.

......

g) Wer nichts tut, wird bald versucht sein, ein lasterhaftes Leben zu beginnen.

......

h) Eine Verfassung muß ein Optimum an Freiheit gewähren, wenn sie die beste genannt sein will.

......

i) Der längsten Studienzeit aber bedürfen angehende Chemiker.

......

Lösungsmöglichkeiten auf Seite 140.

Umpolungsübung 2

Versuchen Sie, in möglichst kurzer Zeit (messen) zu jeder der folgenden
Ansage zwei gegenteilige Wörter zu finden. Zum folgenden Stichwort gehen, wenn Ihnen nichts einfällt.

zuckersüß ....

willig ....

verstockt ....

tadellos ....

unbekümmert ....

runzlig ....

verbissen ....

wieselgleich ....

trübe ....

unverschämt ....

übellaunig ....

plüschweich ....

makellos ....

niedlich ....

originell ....

Lösungsmöglichkeiten auf Seite 144.

Für die Übung benötigte Zeit: .... Minuten .... Sekunden.

Zahl der gefundenen Gegenbegriffe: ....

Ergebnis auf Seite 144 eintragen.

Strukturübung 2

Zu den folgenden Sätzen ist wieder die einfache Struktur
Ursache
↓
Folge   zu Papier zu bringen.

a) Zu starke Sonneneinwirkung macht die Haut lederartig.
b) Die allenthalben zu bemerkenden Schäden waren noch auf das orkanartige Unwetter zurückzuführen.
c) Dieses Problem läßt sich nur in Teamarbeit befriedigend lösen.
d) Nur lange Übungszeiten können hier perfekte Leistungen bringen.
e) Wer seinen Umsatz heben will, muß Werbung betreiben.
f) Das Geheimnis der, wie von Geisterhand bewegten Autofenster, bestand in einer kleinen Hydraulik.
g) Die Obsternte war durch Schädlingsbefall stark beeinträchtigt, weil man versäumt hatte, rechtzeitig Bekämpfungsmittel zu spritzen.
h) Sie unterlag in dem Gespräch, weil ihr die Argumente fehlten.
i) Eine gute Redetechnik verfehlt nicht die Wirkung auf die Hörer.

Lösungsmöglichkeiten auf Seite 147.

Blitzkartenübung 2

Erst die linke, dann die rechte der beiden Übungsspalten mit der Blitzkarte durchgehen.

Benommenheit	Arbeiterfamilie
Dampfturbine	Assistentenzeit
Fernsehgerät	Belegungsdichte
Feuchtigkeit	Berufskrankheit
Glühwürmchen	Defrosteranlage
Kirschwasser	Drechslermeißel
Stachelbeere	Einschienenbahn
Akkomodation	Elektrofahrzeug
Asthmaanfall	Gattungsbildung
Abführmittel	Holzbalkendecke
Destillation	Weihnachtsstern
Druckautomat	Blumenstilleben
Alkoholgenuß	Viskoseschwämme
Arbeitsplatz	Uferbepflanzung
Finsterahorn	Oberfeuerwerker
Ginsterbusch	Unfallverhütung
Flügelschlag	Vereinsvorstand
Galvanometer	Tageseinteilung
Forstmeister	Bluttransfusion
Glockenblume	Abtötungsmittel

! Bei diesen Übungen ist es zwecks genauer Kontrolle unumgänglich, das Erblickte niederzuschreiben.

Rechnen Sie sich für jedes fehlerfrei erkannte Wort 2½ Punkte zu.

Tragen Sie das Übungsergebnis auf Seite 157 ein.

3. Trainingseinheit

Beobachtungsübung 3

```
1234567890123456789012345678901234567890123456789o
1234567890123455789012345628901234567890723456789o

0987654321098765432109876543210987654321098765 4321
0387654821098765437109876583216987654221098265 4321

1357924680135792468013579246801357924680135792468o
1357924680135792468013579846807357924680185791 468o

0864297531086429753108642975310864297531086429 7531
6864267531986429758108672975810864297531086429 7531

3692581470369258147036925814703692581470369258 147o
3698581470869258147036925814703692581470869758 142o

4826048260482604826048260482604826048260482604 826o
4826048260482604826078260402604829048260482604 826o

5050505050505050505050505050505050505050505050 5050
5050505050505050505050505050505050505050505050 5050

6248062480624806248062480624806248062480624806 248o
6248062480624806248032430624806248062480324809 748o

7418529630741852963074185296307418529630741852 963o
7418529630141852963074185296307418529630241852 963o

8642086420864208642086420864208642086420864208 642o
8642086420864208642086420864203642086420864208 642o

9876543219876543219876543219876543219876543219 8765
9876543213876543219876643219876543213876543219 3765

3838383838383838383838383838383838383838383838 3838
3838383838383838383838838838383838383838383838 3838
```

Zahl der gefundenen Abweichungen auf die linken Linien,
Differenz zur tatsächlichen Abweichung auf die rechten Linien,
Ergebnis in Kontroll-Liste auf Seite 136 eintragen.

Synonymübung 3

Geben Sie sich genau 10 Minuten Zeit und schreiben Sie in ihr möglichst viele sinnverwandte Wörter zu dem Begriff »sprechen« auf:

....

....

....

....

....

....

....

....

....

....

....

....

Zahl der gefundenen Wörter: ....

Übertrag des Ergebnisses in die Kontroll-Liste (Seite 137).

(Textor — »Sag es treffender« — führt über 60 an.)

Übersetzungsübung 3

Übertragen Sie auf möglichst knappe Weise in Ihre persönliche Ausdrucksform:

a) Auch heute noch herrschen bei vielen Handwerkern die alten Bräuche.

....

b) Will man Erfolge haben, so ist kontinuierliches Üben unentbehrlich.

....

c) Der Omnibus war so dicht besetzt, daß er zum Bersten voll war.

....

d) Es gab mehr als genug zu essen, auch war es von hoher Qualität.

....

e) Ein komplizierter Name, den die Zunge sich zu formen widersetzte.

....

f) Er wurde um die Zeit zwischen Mitte Dezember und Januar geboren.

....

g) Bloßes Auswendiglernen ist im allgemeinen nicht sehr ertragreich.

....

h) Wegen heftiger Beschwerden war er zu absoluter Bettruhe genötigt.

....

i) Es ist schon lange her, schon weit über 50 Jahre, daß der erste Weltkrieg tobte.

....

j) Die Entfernung zwischen Wiesbaden und Düsseldorf beträgt kaum 200 km.

....

Lösungsmöglichkeiten auf Seite 140.

Umpolungsübung 3

Versuchen Sie, schnell zu jeder der folgenden Aussagen drei Gegenaussagen zu finden. Zeit messen. Weitergehen, wenn zu einem vorgegebenen Begriff nichts mehr einfällt:

aufmerksam ....

innig ....

irdisch ....

jovial ....

kühl ....

klug ....

lustlos ....

liebevoll ....

maßlos ....

musterhaft ....

nett ....

nichtig ....

rücksichtsvoll ....

pummelig ....

sauber ....

Lösungsmöglichkeiten auf Seite 145.

Benötigte Zeit: .... Minuten .... Sekunden.

Zahl der gefundenen Wörter: ....

Ergebnis auf Seite 145 eintragen.

Strukturübung 3

In den Sätzen dieser Übung sind immer eine Ursache und zwei Folgen genannt. Strukturieren Sie so:

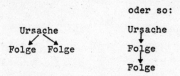

oder so:

Besonders bei diesen Übungen ist es wichtig, daß sie in schriftlicher Form durchgeführt werden.

a) Starker Alkoholgenuß vermindert die Reaktionsfähigkeit und setzt die Fahrtüchtigkeit herab.
b) Ermüdung und Konzentrationsmangel sind mitunter in unzweckmäßiger Körperhaltung bei der Arbeit begründet.
c) Seine Kenntnisse verhalfen ihm zu gutem Ruf und hohem Einkommen.
d) Durch sein eigenwilliges Auftreten verließ ihn zunächst sein Verkaufschef und dadurch auch bald der Verkaufserfolg.
e) Diese Beweisgründe überzeugten alle, von nun an kam man ihm bereitwilliger entgegen.
f) Die Erde erwärmte sich, die ersten Knospen sprossen, wir gingen Frühjahrsblumen zum Schmuck der Zimmer zu holen.
g) Der Bau der U-Bahn brachte störenden Lärm in die Büros. Staub von der Baustelle drang durch alle Ritzen.
h) Das neuerrichtete Hochhaus warf seinen Schatten auf den kleinen Garten. Nichts wollte mehr recht wachsen und gedeihen.
i) Der Anruf erschreckte ihn derart, daß ihm dabei das Buch aus der Hand fiel.

Lösungsvorschläge auf Seite 148.

Blitzkartenübung 3

An jenem Abend	Gegen die Regel
Zu guter Letzt	Natur der Sache
Porgy and Bess	Er kommt darauf
So muß es sein	überhaupt nicht
Nun geht's vor	vielleicht doch
Noblesse oblige	ähnlich wie heute
Human Relations	was er voraus sah
Chronik der Zeit	Anlaß und Ursache
So geht es dahin	genaue Ergebnisse
Als es nötig war	in logischer Reihe
Er betonte umsonst	Sprache des Alltags
Indem er zurücksah	Zwischen den Zeilen
Eine goldene Regel	wie mitgeteilt wird
Ein Schritt weiter	nicht einverstanden
Und weiterhin auch	unfreiwillige Witze
Keine glatte Antwort	Bildung eines Urteils
Problem der Wahrheit	Im Grunde des Herzens
Dieser Versuch nützt	besonders bezeichnend
Hier lauern Gefahren	Ein stolzer Ausspruch
Unter großem Aufwand	Das ist nicht richtig

Geben Sie sich für jede fehlerfrei erkannte Zeile 2½ Punkte.

Tragen Sie das Ergebnis auf Seite 157 ein.

Beobachtungsübung 4

```
123456789o123456789o123456789o123456789o123456789o
123459789o123456289o123453789o723456789o123456789o

o987654321o987654321o987654321o987654321o987654321
o987654321o987654321o987654321698765732 1o987654821

135792468o135792468o135792468o135792468o135792468o
135792468o135792468o135792468o135792468o185792463o

o864297531o864297531o864297531o864297531o864297531
686429o5319864294531o664297531o864294531o864297531

369258147o36258147o369258147o369258147o369258147o3
396258147o862584470369258144o369268147o86925814203

abcdefghijklmnopqrstuvwxyzabcdefghijklmnopqrstuvwx
abcdcfghijklnnopqrstuvwxyzobcdefghijkfmnopqrstvvwx

zyxwvutsrqponmlkjihgfedcbazyxwvutsrqponmlkjihgfedc
zyxwvutsrqponmlkjihgfedcbazyxwvufsrqqonmlkjihyfedc

acegikmoqsowybdfhjlnprtvxzacegikmoqsuwydfhjlnprtva
acegikmoqsowybbfhjlnprtyxzacegikmeqsuwvdfhjlnprtva

zxvtrpnljhfdbywusqomkigecazyvtrpnljhfdbywusqomkige
xxvtrqnljhtdbywvsqomkigecazyvtrpnljhfdbywusqomkige

qaywsxedcrfvtgbzhnujmikolpqaywsxedcrfvtgbzhnujmiko
qaywsxedcrfvtgbzhnujmikolpqaywsxederfvtgbzhnujmiko

polmkiujnbhztgvcfredxyswqaypolmkiujnbhztgvcfredxys
polmkiujnbhztgvcfredxyswqaypolmliujnbnztgvcfrebxys

qetupizrwadgjlkhfsycbmnvxqetuopizrwadgjlkhfsycbmnv
qetupizrwadgjlkhfsycbmnvxqetuopizrwadgjlkhfsycbnmv
```

Zahl der gefundenen Abweichungen und die Differenz zur Zahl der tatsächlichen Abweichungen eintragen.

Danach Ergebnis in die zugehörige Kontroll-Liste, Seite 136.

Synonymübung 4

Innerhalb von 10 Minuten möglichst viele sinnverwandte Wörter zu dem Begriff »arbeiten« (auch im Sinne von »tätig sein«) aufschreiben:

....

....

....

....

....

....

....

....

....

....

....

....

....

....

Zahl der gefundenen Wörter: ....
(es gibt Hunderte)

Ergebnis in Kontroll-Liste Seite 137 eintragen.

Übersetzungsübung 4

a) Man kann mitten zwischen vielen Menschen mutterseelenallein sein.

....

b) Ein alter Nagel brachte den Reifen zum Platzen.

....

c) Als Geschenk überbrachte er ihr einen Rosenstrauß.

....

d) Unterdessen war die Kasse schmal, das Portemonnaie leer geworden.

....

e) Die Wohnung lag ganz oben unter dem Dach des Hauses.

....

f) Der Arzt sagte: Wenn Sie noch ein paar Jahre mitmachen wollen, müssen Sie strenge Diät halten.

....

g) Eine schier unübersichtliche Zahl kleiner Türmchen bildeten einen reizvollen Zierat des Schlosses.

....

h) Keiner wollte reden, niemand entschloß sich, das Wort zu ergreifen.

....

i) Wenn man sich frühzeitig bemüht, etwas zu tun, wird es einem später keine Schwierigkeiten machen.

....

j) Alle Türen müssen gut und sicher verschlossen werden.

Lösungsmöglichkeiten auf Seite 140.

Umpolungsübung 4

Möglichst schnell zu jedem Wort drei andere, gegenteiliger Aussage, nieder-
schreiben:

mühsam ....

normal ....

oberflächlich ....

rastlos ....

sittsam ....

schamhaft ....

tiefsinnig ....

ulkig ....

albern ....

vorteilhaft ....

weitherzig ....

zerstreut ....

finster ....

ausdruckslos ....

billig ....

Benötigte Zeit: .... Minuten .... Sekunden.

Zahl der gefundenen Wörter: ....

Übertrag auf Seite 145.

Strukturübung 4

In folgenden Sätzen finden Sie je zwei Gründe und auch zwei Folgen.

Strukturieren Sie jetzt so:

Ursache ↔ Ursache (zusammenhängende
Folge ← → Folge Ursachen)

(auf jeden Fall in
schriftlicher Form)

Ursache   Ursache (nicht zusammen-
oder   Folge ← → Folge hängende Ursachen)

a) Der Fluß trat über die Ufer und riß die Brücke ein. Es gab Versorgungs-schwierigkeiten und die Kinder konnten nicht in die Schule.
b) Mit Hilfe einer Hydraulik, vom Motor betrieben, ließen sich sowohl die Fenster auf und ab bewegen als auch das Dach öffnen und schließen.
c) Die Wohnung war von Anfang an zu klein. Als dann die Kinder wuchsen, fehlte es noch mehr an Raum und es kam laufend zu Reibereien.
d) Erhard hatte fast täglich Überstunden zu machen. Daneben bekleidete er mehrere Nebenämter. Sein Familienleben kam zu kurz, und auch seinen Liebhabereien konnte er sich aus Zeitmangel nicht mehr widmen.
e) Der Referent sprach brilliant, er beherrschte alle rhetorischen Regeln. Gleichzeitig setzte er ein umfangreiches Bildmaterial ein. Seine Hörer hatten nicht nur einen angeregten Abend verlebt, sondern auch vieles Neue dazugelernt.
f) Immer wieder wechseln Fahrer zur rechten Fahrbahn, ohne sich zu ver-gewissern, ob sie nicht selbst überholt werden und ohne den Fahrtrich-tungsanzeiger zu betätigen. Dadurch werden die übrigen Verkehrsteil-nehmer erheblich gefährdet.

Lösungsvorschläge auf Seite 148.

Blitzkartenübung 4

Von hier an müssen Sie die Bewegung etwas großgriffiger machen, weil nunmehr mit je einem »Blitz« zwei Zeilen aufzublenden sind. Schreiben Sie weiterhin nieder, was Sie auffaßten:

Sonnenstrahl
Maulbeerbaum

Schallplatte
Paukenschlag

Sprechzimmer
Laboratorium

Schießkammer
Schußbereich

Schwarzseher
Lebenswandel

Orthographie
Bibliotheken

Kohlenzechen
Souveränität.

Sichtwerbung
Zusammenhang

Übertreibung
Tafelmalerei

Einwanderung
Gegenspieler

Spielkamerad
Sprungriemen

Volkstanzgruppe
Wichtelmännchen

Elefantenrüssel
Zielstrebigkeit

Elektromechanik
Assistentenzeit

Berufskrankheit
Bewußtlosigkeit

Defrosteranlage
Belegungsdichte

Drechslermeißel
Dreifingerregel

Dünndruckpapier
Einzelbuchstabe

Einschienenbahn
Teegesellschaft

Für jede fehlerfrei erkannte Doppelzeile
können Sie sich 5 Punkte zuschreiben

Punkte: ....

Ergebnis auf Seite 157 eintragen.

5. Trainingseinheit

Beobachtungsübung 5

```
123456789o123456789o123456789o123456789o123456789o
123456289o123456789o183456789o123455789o1284567860

o987654321o987654321o987654321o987654321o987654321
o987954321o937654321o937654321o687654321o987654321

135792468o135792468o135792468o135792468o135792468o
135792468o135792468o135792468o135792468o135792768o

0864297531o864297531o864297531o864297531o864297531
0867297581o864297581o864297531o864297531o864297531

abcdefghijklmnopqrstuvwxyzabcdefghijklmnopqrstuvwx
abcdefghijktmnopqrsluvwxyzabcbefghijklnnopqrsfuvwn

zyxwvutsrqponmlkjhifgedcbazyxwvutsrqponmlkjhifgedc
zyxwvutsrqponmlkjhifgedcbazyxwvufsrpponnlkjhifgedc

acegikmoqsuwybdfhjlnprtvxzacegikmoqsuwybdfhjlnprtv
acegikmoqsuwybdfhjlnprtvxxacegtkmoqsuwybdfhjlnprtv

qaywsxedcrfvtgbzhnujmikolpqaywsxedcrfvtgbzhnujmiko
qeywsyedcrfytgbzhnugmikolqqaywsxedcrfvtgbzhnujmiko

polmkiujnbhztgvcfredxyswqaplokmnjiuhbvgztfcxdersya
polmkiujnbhztgvcfredxyswqaplekmnjiuhbvgztfcxdersya

qetuopizrwadgjlkhfsycbmnvxqetuopizrwadgjlkjgdycbmn
qotuopizrvadgjlkhtsycbmnvyqetuopinrwadgjlxjgdycbmm

mbcyxvnökhfsadgjlüouteqwrzipmbcyxvnökhfsadgjläüout
mbcykvnökhfeadgjlüöuteqwrzüpmbcyxvnökhfsadgjläüout

ghfjdkslaötzrueiwoqpvbcnxmyghfjdkslaötzrueiwoqpghf
ghfjdkslaötnrueiwoqpvbczxmyghfjdkelaötzkueiwoqbghf
```

Zahl der gefundenen Abweichungen und Differenz zur tatsächlichen Zahl eintragen.

Ergebnis in Kontroll-Liste, Seite 136.

Synonymübung 5

Scharfer Geist und scharfer Bleistift und dann in 10 Minuten so viel sinnverwandte Ausdrücke aufschreiben, als Ihnen zu dem Stichwort »streiten«
einfallen.

....

....

....

....

....

....

....

....

....

....

....

....

Zahl der gefundenen Wörter: ....

Ergebnis in Kontroll-Liste, Seite 137.

Übersetzungsübung 5

a) Man weiß zwar nicht für wie lange, doch sind die weiten Röcke aus der Mode gekommen.

b) Guter Rat war bei ihm wohlfeil, schnell war er dabei, mit »weisen Ratschlägen« nur so um sich zu werfen.

c) Es muß zwar nicht immer und überall so sein, doch ist im allgemeinen Fisch billiger als Fleisch.

d) Die Schrauben waren bereits so sehr eingerostet, daß alle Gewaltanwendung sie nicht zu lösen vermochte.

e) Es nützt alles nichts, das Gebäude muß von Grund auf überholt werden.

f) Heute war das Glück auf ihrer Seite, sie sahen mehrere Völker Rebhühner und konnten ein Dutzend Tiere zur Strecke bringen.

g) Der Postbote überreichte ihm einen Brief von einigem Umfang und hohem Gewicht.

h) Obwohl sie sich schon mehrmals an Preisausschreiben beteiligten, konnten sie noch nie einen Preis erringen.

i) Hierbei handelt es sich um Früchte, die nicht künstlich gereift wurden.

j) Die Vorschriften sollten auf jeden Fall beachtet werden, weil sonst möglicherweise Schäden nachfolgen.

Lösungsmöglichkeiten auf Seite 141.

Umpolungsübung 5

Die Übungszeit sollte weiter verkürzt werden. Versuchen Sie dieses Mal nur etwa zwei Drittel der Zeit aufzuwenden, die Sie im Schnitt der früheren Übungen benötigten:

bissig ....

dürftig ....

ehern ....

feucht ....

höflich ....

ideal ....

undirekt ....

intakt ....

inwendig ....

juxig ....

kahl ....

obenauf ....

ökonomisch ....

offenherzig ....

parteiisch ....

Benötigte Zeit: .... Minuten .... Sekunden.

Zahl der notierten Wörter: ....

Ergebnis in Kontroll-Liste, Seite 146.

Strukturübung 5

Wieder suchen Sie bitte nach der passenden Form, folgende Kurztexte einfach zu strukturieren:

a) Föhn brachte den Schnee innerhalb weniger Stunden zum Schmelzen.
b) Nach der zweiten Explosion flüchtete die ganze Besatzung.
c) Windräder hoben das Grundwasser in das Grabensystem, welches die ganze Pflanzung gleichmäßig mit Wasser versorgte.
d) Die stärkere Sicherung erlaubte es, sowohl einen Herd als auch eine Waschmaschine anzuschließen.
e) Ein breiter Wassergraben und eine Betonmauer verhinderten, daß die Tiere dem Freigehege entweichen konnten.
f) Die Bilder sind auf Pappe aufzukleben und dann mit Leisten zu verstärken, damit sie sich nicht verziehen.
g) Um festen Halt zu haben, reicht es nicht, die Haken zu verdübeln, sondern muß das Stück von unten gestützt werden.
h) Die eine Lampe ist vorn oben, die andere links anzubringen. Nur so erhält man schattenfreies Licht für die in diesem Raum auszuführenden feinmechanischen Arbeiten.

Lösungsvorschläge auf Seite 149.

Blitzkartenübung 5

Es gilt wieder mit jedem »Blitz« eine Doppelzeile der Sicht freizugeben und unmittelbar darauf diese aufzuschreiben:

Bitte keine Vorwürfe
immer der Reihe nach

    Die neuesten Nachrichten
Allerbestes Werkzeug   Auf dem Grund des Meeres
früher war es anders

Suche nach dem Glück   Nur nicht immer so heftig
Laßt Blumen sprechen   Nach diesen schönen Tagen

Problem der Wahrheit
nicht besonders groß

    Zuversicht und Vertrauen
Dieser Versuch nützt   Es kann noch Tage dauern
er ist eindrucksvoll

Die mögliche Antwort   Auch das kleinste bißchen
einige Monate später   anders geht es nicht mehr

Die Bedeutung dessen
verhältnismäßig kurz

    Mit Pauken und Trompeten
Mit- und füreinander   Sein erster Hochzeitstag
wir bleiben zusammen

Der große Unbekannte   Ich habe es gleich gesagt
Ein Held des Alltags   Es war früher vielfach so

Unter großem Aufwand
mit Volldampf voraus

    Eine Frage ersten Ranges
Einsam und verlassen   auf sich selbst gestellt
beging er Selbstmord

Vorsicht Bauarbeiten   Ausgeprägtes Sprachgefühl
das kann es bedeuten   Ohne Fleiß - keinen Preis

Für jede fehlerfreie Doppelzeile 5 Punkte = ...

Ergebnis auf Seite 157 eintragen.

6. Trainingseinheit

Beobachtungsübung 6

```
1234567890123456789012345678901234567890123456789o
1234567890123456789012345628901234567890123456789o

o987654321o987654321o987654321o987654321o987654321
o983654327o984654321698765432199876548210987654821

13579135791357913579135791357913579135791357913579
13549135701357973579135791557913379135791857913579

2468o2468o2468o2468o2468o2468o2468o2468o2468o2468o
2468o2468o2468624 68o2468o2468o2768o2468o2468o2468o

1357924680135792468013579246801357924680135792468o
1357927680135792468613579246801354924630135792465o

97531o8642975310864297531o8642975310864297531o8642
97531o8642975310864297581o8642975310864297531o8642

369258147o369258147o369258147o369258147o369258147o
369258177o869253147o56925874 76369258147o369258147o

4826o4826o4826o4826o4826o4826o4826o4826o4826o4826o
4826o4826o7826o4836o4826o4826o4526o4826648 26o4826o

5050505050505050505050505050505050505050505050505050
5050505050505050505050505050505050505050505050 5050

6284o6284o6284o6284o6284o6284o6284o6284o6284o6284o
6287o6284o6584o6284662 84o6284o6284o6284o6284o6284o

741852963o741852963o741852963o741852963o741852963o
741852663o741352963o741852963o741852963o741852963o

9642o8642o8642o8642o8642o8642o8642o8642o8642o8642o
9642o8642686426864 298642o364 2o5642o8672o8647o8642o
```

Zahl der gefundenen Abweichungen und Differenz zur tatsächlichen Zahl
eintragen.

Ergebnis in Kontroll-Liste, Seite 136.

Synonymübung 6

Wieder 10 Minuten abstoppen und innerhalb dieser Zeit möglichst viele
Synonyme zu »sich vergnügen« aufschreiben:

....

....

....

....

....

....

....

....

....

....

....

....

....

....

Zahl der gefundenen Wörter: ....

Ergebnis in Kontroll-Liste, Seite 137.

Übersetzungsübung 6

a) Es ist zu vermuten, daß darüber noch so manches Jahr ins Land gehen wird.

b) So manche dieser großartigen Versprechungen, das hat sich doch schon oft genug gezeigt, wird sich gewiß nicht halten lassen.

c) Ringsum im Lande gilt es als anerkannte Tatsache, daß die Preise für frisches Obst an den Wochenenden künstlich in die Höhe getrieben werden.

d) Ratlos standen alle herum, blickten sich den Schaden an, zuckten mit der Schulter, denn niemand war befähigt, die Reparatur vorzunehmen.

e) Nach dieser langen Benutzungszeit war es überhaupt keine Frage mehr, daß die Wohnung in allen Räumen, vom Boden über die Wände bis zur Decke, renoviert werden mußte.

f) Alles was in der Firma Rang und Namen besaß, hatte sich schon vergeblich bemüht, das Problem zu lösen — nun war Herrn Kluge der geniale Einfall gekommen.

g) Das Paket war in Höhe, Breite und Länge von derart großen Abmessungen, daß es ein Mann allein nicht transportieren konnte.

h) Wenn es nur lange genug dauert, dann vermag auch das beharrliche Tropfen von Wasser Löcher in Steine zu schlagen.

Lösungsvorschläge auf Seite 141.

Umpolungsübung 6

Dieses Mal sollte die halbe Zeit (der ersten Übungen) ausreichen:

schrecklich ....

tosend ....

unsinnig ....

versessen ....

wurstig ....

zersplittert ....

geplant ....

halb ....

klebrig ....

lieblich ....

rissig ....

passend ....

tolerant ....

rasend ....

sinnlos ....

Benötigte Zeit: .... Minuten .... Sekunden.

Zahl der notierten Wörter: ....

Ergebnis auf Seite 146.

Strukturübung 6

Ursachen und Folgen in unterschiedlicher Zahl sollten auch bei dieser Übung zu verschiedenen Strukturen bei den einzelnen Texten führen.

Lösungsvorschläge auf Seite 236.

a) Der Unfall brachte die längst vergessene Kriegsverletzung zu neuer Auswirkung. Eine längere Bettruhe war unvermeidlich und zwang dazu, den Kursus aufzugeben. Ebenso gingen nun die Umsätze rapide zurück.

b) Für den Veranstalter waren die Seminare beste Publik-Relation. Die Teilnehmer gingen mit vielen neuen Kenntnissen nach Hause. Die Seminarerfolge gründeten sich darauf, daß stets interessante Themen gewählt und jeweils beste Referenzen zur Mitarbeit herangezogen wurden.

c) Die Trunkenheit wurde als Unfallursache angenommen. Nicht nur eine erhebliche Strafe, sondern auch eine längere Arbeitsunfähigkeit waren die Folgen. Da die genossene Alkoholmenge nicht allein die Schuld haben konnte, mußte es auch an der eingenommenen neuen Medizin liegen. Auch daß er an jenem Tag nicht zum Mittagessen kam, mochte zu der Volltrunkenheit beigetragen haben.

d) Auf dem Gipfel befand sich ein Restaurant, von dem aus man einen herrlichen Ausblick über das ganze Massiv hatte. Außerdem fand man dort noch eine Wetterstation und einige Verkaufsstände für Touristen. Um nach oben zu gelangen, konnte man auf schmalem Steig mit dem Esel reiten oder einen steilen Pfad zu Fuß gehen. Für die ganz Bequemen gab es sogar eine Zahnradbahn auf der Rückseite des Berges.

Lösungsvorschläge auf Seite 149.

Blitzkartenübung 6

Immer einen ganzen Block mit der Karte kurz dem Blick freigeben und aufschreiben:

Auf dem See	Über alle Welt
Das ist gut	Aber wann denn
Nicht immer reden	In der linken Hälfte
Lange schon dahin	Hinter dir-da rechts
Keine alten Worte	Häuser an der Straße
Wenn du es dann glaubst	Oben ist es schon gelaufen
Es geht bald in Ordnung	Nun ging es lange Zeit gut
Wie wir gestern meinten	Im alten Rasthaus beim Tee
Das sollt ihr jetzt übersehen	Immer noch warten wir auf Arbeit
Ihr dürft heute mal mitmachen	Es ging ja heute ganz manierlich

Für jeden richtig aufgeschriebenen Block 5 Punkte = ...

Ergebnis auf Seite 157 eintragen.

Teil II – Aufbaustufe

7. Trainingseinheit

Beobachtungsübung 7

In dieser Stufe bringt Ihnen jede Beobachtungsübung 3
zusammengestellte Zeilen. Die mittlere gilt als Norm. Abweichungen in der oberen und in der unteren Zeile sind
zu finden.

```
123455789012345678901234567890123756789012345678600
123456789012345678901234567890123456789012345678900
123456789012375678901234567899123456789012345678900

098765432709876543210987654321098765132109876543211
098765432109876543210987654321098765432109876543211
098765432109876548210987654321098765432109376543211

135791357913579135791357913579135797357913579135799
135791357913579135791357913579135791357913579135799
135791357913579135791357913579185791357913579135799

975319753197531975319753797531975319753197531975311
975319753197531975319753197531975319753197531975311
975319753197531975319753197531975319753197531975311

246802468024680246802468024680246802468024680246800
246802468024680246802468024680246802468024680246800
246802468024680246802468024680246802468024680246800

086420864208642086720864208642086420864208642086422
086420864208642086420864208642086420864208642086422
086420864208642086420864203642086420864203642086422

359258147036925814703692581470369258177036925314700
369258147036925814703692581470369258147036925814700
369258177036923814703992581470369258147036925814700

074185296807418529630741252963074185296307418529633
074185296307418529630741852963074185296307418529633
074185296307418529630741852963074135296307418529633
```

Zahl der ermittelten Abweichungen und Differenz zur tatsächlichen Zahl
aufschreiben.

Ergebnis in Kontroll-Liste, Seite 136.

Blitzkartenübung 7

Wiederum sind die Blitzkartenbewegungen über Blöcke zu führen. Hier zunächst Ziffernblöcke zu 6 Zeichen.

1 2 3			1 6 5		
4 5 6			1 9 2		

```
1 2 3          1 6 5
4 5 6          1 9 2

9 8 7          3 1 o
6 5 4          1 2 2

1 3 7          5 2 1
5 4 o          9 6 4

3 2 4          2 4 7
8 7 6          1 9 5

5 3 1          5 1 3
o 4 7          1 1 9

2 9 5          3 6 7
5 9 2          5 2 8

8 1 8          8 1 5
1 8 1          o 3 4

9 4 1          1 4 9
7 2 5          6 1 5

3 1 o          3 8 5
4 7 9 .        2 5 8

6 7 3          3 4 2
5 8 4          7 3 4
```

Für jeden fehlerfreien Block 5 Punkte = ...

Ergebnis in Kontroll-Liste, Seite 157.

Übersetzungsübung 7

Von jetzt an sind die Übersetzungsübungen an Kurztexten vorzunehmen, die jeweils aus mehreren Sätzen bestehen. Bemühen Sie sich weiterhin um schnelle Aufnahme (Tempolesen) und spontane Übersetzung in möglichst knappen Worten.

a) Auch der Baustil hat sich stark gewandelt. Mehr und mehr baut man mit vorgefertigten Elementen. Die Dächer werden nur mehr selten geneigt, das Flachdach beherrscht das Landschaftsbild.

    ....

b) Modernste Züge mit allem erdenklichen Komfort verbinden die Städte. Die Fahrtzeiten konnten erheblich verkürzt werden. Man reist schneller, bequemer und sicherer.

    ....

c) Die Sonne geht später auf und früher unter. Die Tage sind spürbar kürzer geworden. Wie lange noch und es wird kalt sein?

d) In diesem Jahr lag der Ferienbeginn in verschiedenen Ländern dicht beieinander. Hinzu kam, daß zur gleichen Zeit mehrere Großbetriebe Ferien machten. Die Blechlawine auf den Straßen legte den Verkehr schlagartig lahm.

    ....

e) Mit dieser Leistung konnte das Publikum nicht begeistert werden. Ein Großteil drohte mitten in der Vorstellung einzuschlafen. Diese Langeweile ist kaum zu überbieten.

    ....

f) Gehen Sie nur ohne abzubiegen immer der Nase entlang. Sie können es gar nicht verfehlen. Nach kurzer Zeit werden Sie Ihr Ziel vor sich liegen sehen.

    ....

Lösungsmöglichkeiten auf Seite 141.

Wertungs- und Ordnungsübung 1

Mit dieser neu ins Programm kommenden Übung sollen Sie mehrere Begriffe in die richtige Reihe bringen. Z. B. sind der Größe nach zu ordnen:

Elle, Meile, Fuß, Klafter, Spanne

Lösung: Spanne, Fuß, Elle, Klafter, Meile
         (auch die umgekehrte Folge wäre richtig)

Messen Sie dabei die Arbeitszeit.

Suchen Sie nach dem Gemeinsamen und ordnen Sie:

a) Skizze, Buch, Manuskript, Idee, Druck
b) grell, stockfinster, hell, dunkel, dämmrig
c) rot, grün, orange, blau, gelb
d) mager, vollschlank, fett, dick, schlank
e) Rennauto, Fahrrad, Limousine, Moped, Motorrad
f) Wespe, Biene, Mücke, Stechfliege, Hornisse
g) Wien, Paris, Berlin, London, München
h) Brustbein, Kreuzbein, Jochbein, Schienbein, Schlüsselbein
i) Haus, Palast, Höhle, Villa, Hütte
j) türkis, grün, violett, rot, blau

Zahl der richtigen Ordnungen: ....

Benötigte Zeit: .... Minuten .... Sekunden.

Lösungen und Auswertung auf Seite 137.

Strukturübung 7

Von nun an erhalten Sie Texte, die etwas aufwendiger zu strukturieren sind. Nach wie vor gilt es, aus den Texten Ursache(n) und Wirkung(en) herauszuarbeiten.

Lassen Sie in Ihrer Skizze Gleichwertiges nebeneinander erscheinen.

Arbeiten Sie die zeitliche und/oder räumliche Reihe heraus. Setzen Sie Untergedanken auch *unter* die zugehörigen Hauptgedanken. Mit diesen Übungen bereiten Sie Erfolge vor, die sich im besseren Verstehen und dauerhafteren Behalten zeigen.

Beispiel: Strukturierung des obigen Textes:

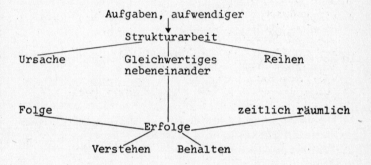

Und nun versuchen Sie es an folgenden Texten selbst:

a) Das gute Verkaufsergebnis hängt davon ab, wie gut der Vortrag zu überzeugen weiß. Es kommt darauf an, die Rede sorgfältig vorzubereiten und entsprechendes Material zu sammeln.

b) Das brachte nun der Unfall, neben dem Verlust an Zeit, daß eine Strafe zu zahlen ist, wir Einnahmen verlieren und auch noch ein Schmerzensgeld zu zahlen haben. Dazu wäre es nie gekommen, wenn die Bremsleitungen in Ordnung gewesen wären.

Lösungsmöglichkeiten auf Seite 150.

Sonderübung 1

Dieses Mal brauchen Sie nicht zu schreiben. Nehmen Sie sich dennoch etwas mehr Zeit und denken Sie sich zu den im folgenden begonnenen Geschichten einen Schluß oder mehrere Schlüsse aus:

a) Drei Männer sitzen beim Trunk. Der erste hebt sein Glas zu dem Trinkspruch: »Auf unsere Frauen!«
Der zweite: »Auf die Frauen, die wir lieben!«
Der dritte:

b) Das Ehepaar hat Streit. Die Frau schickt den Sohn ins andere Zimmer. Schließlich braucht es das Kind nicht zu hören und in der Schule zu erzählen. Der Mann schließt das Fenster. Die Nachbarn müssen ja nicht Zeuge sein und Gesprächsstoff bekommen . . .

c) Der Jüngling zum älteren Mann: »Ich habe es besser, denn mich können die Frauen noch glücklich machen«.
Der Ältere:

d) Frau A.: »Wir können es uns jetzt leisten, auf einen Großwagen umzusteigen!«
Frau B.: »Wir können es uns leisten, von einem Chaffeur gefahren zu werden.«
Frau C.:

e) Ein Student der Medizin besitzt ein menschliches Skelett, das er aus Platzmangel im Kleiderschrank in seiner »Bude« aufbewahrt. Eines Tages bekommt seine Wirtin eine neue Putzhilfe, die gelegentlich aus Neugier den Schrank öffnet: . . .

Lösungsvorschlag Seite 158.

8. Trainingseinheit

Beobachtungsübung 8

Mittlere Zeile gilt als »Norm«.

```
1234567890123456789012343678901234567896123456789o
1234567890123456789012345678901234567890123456789o
1238567890123456789012345678901234567890723456789o

0987654321098765432109876543216987654321o987654321
0987654321098765432109876543210987654321098765+321
0987654321098765432109876543219987654321098765+321

1357913579135791357913579135791357913579135791357 9 13579
1357913579135791357913579135791357913579135791357913579
1357918579135791357913379135791357913579185791357913579

9753197531975819753197531975319753197531975319753197531
9753197531975319753197531975319753197531975319753197531
0753197537975319753194531975319753197531973319753197531

24630246802462024680246802458024680246802768024680
2468024680246802468024680246802468024680246802468o
2468024680246802468624680246802468021680246802468o

08642086420864208642086420864208642086420864208642
08642086420864208642086420864208642086420864208642
08642086420864208642086420864708642086420864208642

369258147036925814703692581470369258147036925814 7 0
369258147036925814703692581470369258147036925814 7 0
369268147026925874703692581470369258147036925814 7 0

0741852963074185296307418529630741852963074185296 3
0741852963074185296307418529630741852963074185296 3
0741852963074185296307418529630741852963074185296 3
```

Zahl der ermittelten Abweichungen und Differenz zur tatsächlichen Zahl auf die Linien schreiben.

Ergebnis in Kontroll-Liste, Seite 136.

Blitzkartenübung 8

Blockübungen mit 6 Großbuchstaben

A D E	B L C
G H N	K B G
T R H	R D Z
Q O C	U E C
H T A	H F B
W L I	O N A
A S H	K M P
U T I	N B L
F J S	Y S N
W X E	T O H
R I W	T P C
N K B	I H E
K O H	S C I
L E R	D L F
E S R	G A E
E N T	S X Q
B E G	V F P
L F V	H V E
L D S	D L O
O A L	D I G

5 Punkte pro fehlerfreien Block = ...

Ergebnis auf Seite 157 eintragen.

Übersetzungsübung 8

a) Alle Anwesenden waren tief bewegt. Hier, so mochte wohl jeder denken, ist es gelungen, die Menschen in der Seele anzusprechen. Wer hatte je schon eine solche Feier erlebt? Man spürte förmlich die Ergriffenheit. Diese Feierstunde würde niemand so bald vergessen.

b) W. wurde von Minute zu Minute nervöser. Wo mochte er nur die Fahrkarte hingesteckt haben. Er durchwühlte alle Taschen. Vergeblich, er vermochte sie nirgendwo aufzuspüren. Das Spiel begann von neuem. Nochmals Tasche für Tasche durchgesehen. Endlich fand er sie versteckt in einem Papiertaschentuch.

c) Dieses Seminar ist kein Honigschlecken. Teilnehmer, die glauben, hier ausspannen zu können, irren. Es gibt viel zu lernen und zu üben. Immer wieder werden alle gefordert. Die Aufgaben sind anspruchsvoll. Gruppenübungen verlangen höchsten persönlichen Einsatz.

d) Es ist üblich, in jedem Jahr ein Betriebsfest zu feiern. Alle Betriebsangehörigen freuten sich darauf. Kaum, daß jemals Unzufriedenheit aufkam. So wie die Feste geplant werden und bisher abliefen, gab es nur Zustimmung und positive Kritik.

e) Wohin Sie sehen, ist alles grün. Die Planer haben diese Trabantenstadt mit reichlicher Bepflanzung versehen. Viel Strauchwerk und Gebüsch an den Straßenrändern, baumbepflanzte Plätze und blumenreiche Vorgärten ergeben ein frohstimmendes Bild.

Lösungsvorschläge auf Seite 141.

Wertungs- und Ordnungsübung 2

Bringen Sie in die richtige Reihe — messen Sie dabei die Übungszeit:

a) Eierbecher, Krug, Eimer, Kanne, Tasse, Fingerhut
b) Anrichte, Stuhl, Fußbank, Tisch, Kleiderschrank, Schemel
c) Boxer, Bernhardiner, Dackel, Rehpinscher, Schäferhund, Terrier
d) Spalte, Zeile, Seite, Buch, Aufschlag, Abschnitt
e) Faden, Gewebe, Garn, Stoff, Zwirn, Textilien
f) Löwe, Gepard, Tiger, Ozelot, Panther, Katze
g) Scherenfernrohr, Teleskop, Monokel, Brille, Opernglas, Feldstecher
h) freundlich, liebenswürdig, gleichgültig, gütig, abweisend, feindlich
i) Hügel, Bodenwelle, Erhebung, Berg, Gebirge, Massiv
j) Projektionswand, Zeichenblock, Schulheft, Postkarte, Briefmarke, Plakat

Zahl der richtigen Ordnungen: ....

Benötigte Zeit: .... Minuten .... Sekunden.

Lösungen und Auswertung auf Seite 138.

Strukturübung 8

a) Sowohl die Ergebnisse geistiger Arbeit als auch jene körperlicher Tätigkeit hängen von der Konzentration ab. Hohe Konzentration führt zu besseren Leistungen. Ob man das Lesen betrachtet oder die Genauigkeit einer Handwerkstätigkeit: Konzentration tut not. Gleiches gilt fürs Schreiben und Reden, ebenso aber für saubere manuelle Tätigkeit. Um zu verbesserter Konzentration zu kommen, bedarf es einmal des Interesses. Ebenso wichtig ist aber auch die Aufmerksamkeit.

b) Daß der vielfach zu beobachtende Leistungsabfall auf Indisposition, mangelnden Wohlbefinden, also auf Krankheit zurückgeht, sei nicht bestritten. Man darf auch nicht übersehen, daß Überernährung und Bewegungsarmut erst zu Erkrankungen führen. Fernsehen und fahrbarer Untersatz verursachen z. B. den Bewegungsmangel. Ist es ein Wunder, daß dann mit schlechterer Arbeit schließlich das Sozialaufkommen beträchtlich gemindert wird.

c) Eine positive Aktivität setzt Vitalität ebenso voraus wie Kreativität. Sehen wir von mancherlei Einflüssen und Voraussetzungen der Vitalität ab, immer wird sie sich einstellen, wenn der Mensch von echter Lebensfreude beflügelt wird. Als Stimulus der Lebensfreude hat der Tanz seinen wichtigen Platz im Zusammenleben. Einzelne, Paare und Gruppen können diese Lebensfreude aus dem Tanz schöpfen. Daneben hatte Tanz jedoch auch noch andere Funktionen. So dient er als Kriegstanz der psychischen Vorbereitung auf den Kampf oder als legitimiertes Treffen der Vorbereitung von Sexualhandlungen.

Lösungsvorschläge auf Seite 150.

Sonderübung 2

Nehmen Sie sich einen einfachen Gegenstand des täglichen Gebrauchs. Beschreiben Sie diesen Gegenstand so genau wie möglich (schriftlich durchführen), als ob Sie einen Aufsatz darüber zu schreiben hätten.

Schulen Sie so: Ihr Auge   (Beobachtung,
Schauen,
Aufmerksamkeit)
und Ihre Phantasie   (Vorstellungsvermögen,
Assoziationsfähigkeit,
Kreativität).

Vorschläge für Gegenstände:

Kugelschreiber
Haus- oder Autoschlüssel
Stuhl
Tischuhr
Vase mit Blumen
Besteck
Küchengerät (z. B. Filter)
Bürogerät (z. B. Locher)
die Geldbörse
ein Foto mit einfacher Darstellung

Keine Auswertung bzw. Lösungsvorschläge.

9. Trainingseinheit

Beobachtungsübung 9

```
1234567390123456789012845678901234567890123456289o
1234567890123456789012345678901234567890123456789o
1284567890125456789012345678907234567890123456789o

0987654321098765432109876543210987654321098755432 1
0987654321098765432109876543210987654321098765432 1
0987654321098765432109876573216987654821098765432 1

13579135791357913579135791351913579135791357913579
13579135791357913579135791357913579135791357913579
13579135791357913579735791357913579135791357913579

97531975319753197531975319753197531975319753197531
97531975319753197531975319753197531975319753197531
97531975319753197531975319753197531675319753197531

27680246802468024680246802468024680246802463024680
24680246802468024680246802468024680246802468024680
24680226802468024686246802468024680276802468024680

0864208642686420864208642086720864208642086480864 2
0864208642086420864208642086420864208642086420864 2
0864208642086470864208642086420864208672086420864 2

369258147036925814703692581470369758147036925814 7o
369258147036925814703692581470369258147036925814 7o
369258147036925814703692581470369258147036925814 7o

0741852933674185296307418529630741852963074185296 3
0741852963074185296307418529630741852963074185296 3
0741852963074185299307418529630741852963044285299 3
```

Gefundene Abweichungen und Differenz zur richtigen Zahl eintragen.

Ergebnis in Kontroll-Liste, Seite 136.

Blitzkartenübung 9

Blockübungen mit gemischten Zeichen:

i	W	1		H	8	e
o	3	M		l	j	k
c	F	4		q	7	S
L	3	o		T	X	9
B	k	2		h	I	z
5	u	g		3	5	9
M	b	a		R	g	1
g	T	4		h	u	S
g	i	T		Z	1	8
G	g	y		t	U	C
L	a	7		I	T	o
P	E	m		3	8	d
K	n	0		H	5	t
i	u	s		d	N	6
A	3	H		S	R	6
d	U	7		h	a	4
D	ä	4		X	U	1
q	1	n		0	m	n
O	s	n		M	W	X
C	5	m		O	o	e

Für jeden richtig erfaßten Block 5 Punkte = ...

Ergebnis auf Seite 157 eintragen.

Übersetzungsübung 9

a) Endlich war es soweit: sie fuhren in den Urlaub. Die Reiseroute war seit langem festgelegt. Alle Sachen standen wohlverpackt im Kofferraum des gründlich inspizierten Wagens. Man sah sich nochmals im Hause um. Alles in Ordnung, die Lampen und elektrischen Geräte waren abgeschaltet. Türen und Fenster hatten sie wohl verschlossen. Nach menschlichem Ermessen konnte nichts passieren. »Einsteigen, die Fahrt geht ab . . . !«

....

b) Wir mußten in letzter Zeit des öfteren feststellen, daß die Verpackungsvorschriften nicht beachtet wurden. Wir können in solchen Fällen nicht Ersatz leisten. Unsere Anweisungen sind so beschaffen, daß die Ware sicher transportiert wird. Ersatz wird nur dann geleistet, wenn man diesen Anweisungen folgt. Anderenfalls lehnen wir Verantwortung ab. Der Käufer hat keine Ansprüche. Bitte sich deshalb sorgfältig an unsere Richtlinien halten.

....

c) Die Tausende auf den Rängen waren mitgerissen. Sie fühlten mit den Wettkämpfern. Es war, als spürten die Zuschauer den eigenen erhöhten Pulsschlag, wenn wieder einmal eine Glanzleistung vollbracht wurde. Die Stimmung stieg auf den Höhepunkt, als dann der Rekord eingestellt wurde. Keine Grenzen jedoch schien die Begeisterung zu finden, als der Lokalmatador eine neue Bestleistung erreichte.

....

d) Man glaubte kaum, daß überhaupt noch jemand arbeitete. Überall gähnte Leere. Jeder zweite Arbeitsplatz war unbesetzt. Teilweise standen die Maschinen still, andere arbeiteten mit verminderter Leistung. So zeigte sich deutlich, wie abhängig man hier von menschlicher Arbeitskraft ist. Wie würde es nun weitergehen? Das wußte noch niemand.

....

Lösungsvorschläge auf Seite 142.

Wertungs- und Ordnungsübung 3

Messen Sie die Zeit, die Sie benötigen, um den folgenden Begriffsreihen die richtige Ordnung zu geben:

a) Motorrad, Mofa, Roller, Fahrrad, Moped, Auto
b) Venus, Mars, Saturn, Erde, Merkur, Jupiter
c) Gotha, Gera, Erfurt, Weimar, Jena, Eisenach
d) Dortmund, Münster, Osnabrück, Bremen, Hamburg, Hamm
e) Frucht, Knospe, Trieb, Pflanze, Blüte, Samen
f) Ägypten, Sudan, Libyen, Marokko, Tunesien, Algier
g) Meer, Bach, Strom, Rinnsal, Fluß, Quelle
h) geknechtet, tyrannisiert, frei, unabhängig, abhängig, eingeengt
i) Hochschule, Gymnasium, Schule, Weiterbildung, Kindergarten, Kinderkrippe
j) schräg, vertikal, steil, geneigt, horizontal, flach

Zahl der richtigen Ordnungen: ....

Benötigte Zeit: .... Minuten .... Sekunden.

Lösungen und Auswertungen Seite 138.

Strukturübung 9

a) Es ist nun schon das zweite Jahrzehnt, in dem Schule und Wirtschaft sich das Gedankengut der programmierten Instruktion nutzbar machen. Während man in der Schule gern vom programmierten Unterricht spricht, verwendet man in der Wirtschaft meist den Terminus Programmierte Unterweisung. Obwohl die Begriffe ähnlich sind, decken sie sich nicht, doch kann man auch in der Wirtschaft programmiert unterrichten, in der Schule programmiert unterweisen. Bleiben wir deshalb bei dem Dachbegriff »Programmierte Instruktion«. Sie hat in der Vergangenheit gute Erfolge gebracht und wird auch weiterhin, sowohl für Kinder als Erwachsene aller Grade, wirksam bleiben. In ihr finden sich Gedanken der psychologischen Verhaltensforschung ebenso wie die der Kybernetik. Darüber hinaus verstand man es, daß alles Erkenntnisgut der forschenden Pädagogik in die PI einzubeziehen ...

b) Selbst auf dem laufenden sein. Neue Lehrmittel und Methoden kennenlernen; unter Fachleuten Gedanken austauschen! Dafür bietet Basel jährlich die Gelegenheit. Hier, wo sich Frankreich, Deutschland und die Schweiz treffen, finden auch die größten Lehrmittel-Ausstellungen statt. Am bekanntesten ist die Didakta, in deren Durchführung sich Basel mit anderen Städten abwechselt. Die Didakta bietet in breiter Palette einen umfassenden Überblick im gesamten Erziehungs- und Ausbildungswesen. Die Pädagogik richtet ihr Hauptaugenmerk auf die Weiterbildung der Erwachsenen. Beide aber bieten mit Ausstellung und Rahmenveranstaltungen Lehrtätigen die besten Informationsmöglichkeiten.

Lösungsvorschläge auf Seite 151.

Sonderübung 3

Analog zur vorigen Sonderübung geht es auch jetzt wieder um Beschreibungen.

Beschreiben Sie, aufsatzähnlich, aber in kurzer Ausdrucksweise, auf Sonderblättern, die Situation.

Sie können entweder, gleich einem Reporter, an den Ort einer Handlung gehen — oder — wenn es nicht geht, sich in Ihrer Phantasie solche Handlungen bzw. Situationen vorstellen.

Vorschläge von Situationen für die Übung:

Ankunft ⎱
Abfahrt ⎰ Bahnhof

Treiben auf dem Markt
Einkauf im Warenhaus
Zirkus: Die große Nummer
Zoo: Vor dem Affenkäfig
        Fütterung der Robben
Auto: Fahrt durch schöne Landschaft
        Berufsverkehr
Ernte wird eingebracht
Im Garten
Im Hobbykeller
Spiel mit Kindern
Besuch einer Sportveranstaltung
Am Ausstellungsstand
Vor dem Schaufenster

Ohne Auswertung.

10. Trainingseinheit

Beobachtungsübung 10

```
1234567890123456789012345678901234564890123456789o
1234567890123456789012345678901234567890123456789o
1234567890123456789012345678901234567890123406789o

0987654371o987654321o987654321o987554321o987664321
0987654321o987654321o987654321o987654321o987654321
0987654321o987654321o937654321o987654821o987654321

1357913579135791357913579135791357913579135791357913579
1357913579135791357913579135791357913579135791357913579
1357913579135791357913579135791357913579135791357913579

97531915319753197531975319753197531975319753197531975319753197531
9753197531975319753197531975319753197531975319753197531975319753197531
97531975319753197531975319753197531975819753197537975319753197531

2468o2768o2468o2468o2468o2468o2468o2468o2468o2768o
2468o2468o2468o2468o2468o2468o2468o2468o2468o2468o
2468o2468o2468o2468o2768o2468o2463o2468o2468o2468o

0864208642086420864208642086420864208642086420864208642
0864208642086420864208642086420864208642086420864208642
0864208642086420864208542086420864298642086420864208642

abcdefghijklmtopqrstuvyxyzabcdefghkjklmnopqrstuvwx
abcdefghijklmnopqrstuvwxyzabcdefghijklmnopqrstuvwx
abcdefghijklmnoporstuvwxyzabciefghijklmnopqrsnuvwx

zyxwvutsrqponmlkjihgfedcbazyxwvutsrqponmlkjihgfedc
zyxwvutsrqponmlkjihgfedcbazyxwvutsrqponmlkjihgfedc
zyxwvutsrqponmlkjihgfedcbaoyxwvutsrqponmlkjihgfedc
```

Werte auf die Linien schreiben.

Auswertung bzw. Übertrag auf Seite 136.

Führen Sie gegebenenfalls die Übung mehrfach durch.
Für die Auswertung gilt jedoch der erste Durchgang.

```
    5 3                      5 5
4   4 2   9          2   3 8   4
    o 4                      6 9

    8 o                      o 2
7   3 o   5          5   2 6   2
    7 5                      o 1

    7 2                      1 1
1   9 3   1          8   6 3   7
    1 7                      2 5

    1 7                      7 8
6   3 6   9          2   3 7   3
    7 2                      4 1

    1 7                      3 7
9   8 4   3          6   9 2   6
    8 7                      8 1

    7 8                      4 9
3   6 o   5          4   7 7   9
    1 4                      o 3

    6 9                      6 9
6   1 2   7          2   6 3   5
    8 3                      7 8

    1 7                      4 o
9   o 5   2          7   7 1   1
    4 6                      8 3

    o 9                      7 9
7   6 5   4          8   3 4   1
    8 2                      5 o

    5 4                      4 3
8   3 7   1          8   9 7   6
    6 2                      1 2
```

Für jeden richtig erkannten Block 5 Punkte = ...

Ergebnis in Kontroll-Liste, Seite 157.

Übersetzungsübung 10

a) In unseren Tagen wird viel von Kybernetik gesprochen. Auch von Informationen und der Informationstheorie ist oft die Rede. Wir wollen sie hier nicht in ihren wissenschaftlichen Grundlagen untersuchen. Innerhalb unserer Betrachtungen ist jedoch etwas anderes interessant. Interessant ist nämlich, daß beide Auswirkungen in macherlei andere Bereiche haben.
So gingen von der Kybernetik wichtige Erkenntnisse der Psychologie aus. Auch die Informationstheorie schlägt Brücken in psychologische Gefilde.

....

....

b) Versetzen Sie sich in die Situation eines Käufers. Beispielsweise gehe es um die Anschaffung eines nicht unbedingt wichtigen Haushaltsgerätes, oder Sie wollen ein Kleid kaufen, obgleich Sie durchaus genug anzuziehen haben. Er kommt nicht auf den Kaufgegenstand an, sondern auf die Stimmung. Können Sie sich einfühlen? Dann werden Sie uns mit folgenden Ausführungen Recht geben. Geschulte Verkäufer können den Anstoß zum Kauf leicht geben. Mit Worten und Gesten wissen Sie den Kunden zu beeinflussen. Gutes Zureden hilft auch hier. Manch vielleicht gar nicht so vordringlicher Kauf wird so getätigt.

....

....

c) Was dem einen billig erscheint, hält der andere für teuer. Was ein Mensch für schön hält, sieht der andere als häßlich an. Es kommt immer auf den Standpunkt an. Wie man ein Ding oder eine Handlung betrachtet, hängt nur selten von dem Ding oder Geschehen an sich ab. Vielmehr ist es die Betrachtungsweise, die den Eindruck vermittelt. Deshalb sollte man mit dem Urteil nicht vorschnell bei der Hand sein. Ein anderer hätte anders geurteilt, ein Dritter vertritt eine dritte Ansicht.

....

....

Lösungsvorschläge auf Seite 142.

Wertungs- und Ordnungsübung 4

Wieder versuchen Sie bitte, in möglichst kurzer Zeit, das Ordnungsprinzip zu erkennen und die Wörter in die richtige Reihe zu stellen:

a) Sturmgewehr, Speer, Flinte, Armbrust, Bogen, Maschinengewehr, Karabiner
b) Schneekoppe, Fichtelberg, Wasserkuppe, Brocken, Feldberg, Zugspitze, Watzmann
c) manches, etwas, viel, wenig, alles, mengenhaft, nichts
d) Hamburg, Stockholm, Trondheim, Kopenhagen, Frankfurt, Oslo, Berlin
e) Nanga-Parbat, Popocatepetl, Mt. Everest, Mont Blanc, Chimborasso, Matterhorn, Zugspitze
f) Mekong, Wolga, Donau, Nil, Elbe, Amazonas, Rhein
g) Himbeere, Sauerkirsche, Mirabelle, Süßkirsche, Pflaume, Apfel, Blaubeere
h) Stachelbeere, Süßkirsche, Birne, Erdbeere, Pflaume, Traube, Apfel
i) Südamerika, Nordamerika, Antarktis, Europa, Asien, Australien, Afrika
j) Kopernikus, Galilei, Heisenberg, Darwin, Einstein, Newton, Pythagoras

Zahl der richtigen Ordnungen: ....

Benötigte Zeit: .... Minuten .... Sekunden.

Auswertung und Übertrag Seite 138.

Strukturübung 10

a) Die Wahrheit erlaubt keine Ausnahmen. Lüge bleibt Lüge, wo immer sie auftritt. Wer Achtung erringen will, muß sich der Wahrheit ebenso befleißigen wie der, der Vertrauen zu gewinnen trachtet. Das gilt für Partnerschaft, wo immer man sie antrifft. Ebenso ist aber auch ohne Aufrichtigkeit auch keine auf Dauer reibungslos funktionierende Gemeinschaft denkbar. Und haben wir es nicht am eigenen Leibe erlebt, daß auch Völker der Aufrichtigkeit zum Leben bedürfen? Wer die Wahrheit sagt, braucht deshalb noch nicht alles zu sagen, was wahr ist. Man braucht einem Todkranken z. B. die Wahrheit nicht aufzudrängen. Aber wird einem eine Frage gestellt, dann ist Wahrheit geboten, Notlüge verboten. Mit der Lüge, auch der sogenannten barmherzigen, werden Achtung und Vertrauen vertrieben, deshalb kommen Aufrichtigkeit und Wahrheit im Zusammenleben so große Bedeutung zu.

b) Unter dem Begriff Zuneigung zieht man mitunter die Verbindungen zwischen Mann und Frau zusammen. Die Frage, die sich immer wieder einmal stellt, lautet: Kann es eine Freundschaft ohne Erotik zwischen Personen verschiedenen Geschlechtes geben? Zweifellos ist sie sehr selten und in vielen Fällen nur ein Vorwand. Sie tritt auf zwischen älteren Menschen und ist möglich zwischen Partnern unterschiedlichen Alters. In jedem Fall aber findet man sie nur unter reifen Menschen. Freundschaft entsteht meist durch Sympathie, die bei Partnern verschiedenen Geschlechtes über Zuneigung bald auch zur Liebe, Erotik, ja Leidenschaft führt. Freundschaft kann auch aus Achtung oder Anerkennung entstehen und zu einer Zuneigung ohne Erotik führen. Bevor man aber anderen und sich selbst einzureden versucht, daß eine Beziehung reine Freundschaft sei und nichts ferner liege als Erotik, denke man zunächst an den bescholtenen Fuchs, dem die Trauben unerreichbar waren.

Lösungsvorschläge auf Seite 151.

Sonderübung 4

Im Charakter gleicht unsere neue Sonderübung etwas der vorigen und der
Sonderübung 1.
Wieder erhalten Sie eine kurze Geschichte. Doch sollen Sie dieses Mal,
abweichend vom bekannten Schluß, versuchen, zu anderen Schlüssen zu
kommen.

Lesen Sie zunächst die Geschichte im Original und »erfinden« Sie dann drei
verschiedene neue Schlüsse:

Jack London erlebte den russisch-japanischen Krieg 1905 in
Korea als Korrespondent. Eines abends stand die ganze Be-
völkerung des Dorfes, in dem er Quartier genommen hatte,
unter seinem Fenster.

Er hoffte, sich als Schriftsteller feiern lassen zu können, aber
die Leute wollten nur sein künstliches Gebiß sehen. Immer
wieder nahm er seine Zähne heraus und setzte sie wieder ein.
Von Jubel umtost.

Von hier ab
»erfinden«
Sie neue
Schlüsse.

(Aus Puntsch: Witze, Fabeln, Anekdoten)

Lösungsvorschläge Seite 159.

11. Trainingseinheit

Beobachtungsübung 11

```
123456789o123456789o123456789o123456789o1234564896
123456789o123456789o123456789o123456789o1234567896
123456789o123456789612345678901234567880123456789o

o987654821o987654321o987654321o987654321o587654321
o987654321o987654321o987654321o987654321o987654321
o987654321o987654321o98765432709876543210987654321

1357913579135791357913579135791357913579135791357913579
1357913579135791357913579135791357913579135791357913579
1357913579135791357913579735791357913579135791357913579

2468o2468o2468o2438o2468824680246802468024680246802468o
2468o2468o2468o2468o2468o2468o2468o2468o2468o2468o2468o
2468o2468o2468o2468o2468o2768o2468o2468o2468o2468o27680

abcdefghijklmnopqrstuvwxyzabcdefghijklmnopqrstuvwx
abcdefghijklmnopqrstuvwxyzabcdefghijklmnopqrstuvwx
abcdefghijklmnopqrstuvwxyzabcdefghijklmnopqrstuvwx

zyxvvutsrqponmlkjihgfedcbazywxvotsrqponmljjihgfedc
zyxwvutsrqponmlkjihgfedcbazywxvutsrqponmlkjihgfedc
zyxwvutsrqponmlfjihgfedcbazywxvutsrqponmlkjihgfodc

qayxswedcvfrtybnhzujmkiolöpüäupöloikmnjuzhbvgtrfcd
qayxswedcvfrtgbnhzujmkiolöpüäüpöloikmnjuzhbvgtrfcd
qayxswedcvfrtgbnhzujmkiolöpüäüpöloikmnjunhbvgtefcd

ACEGIKMOQSUWXACEGIKMOGSUWXACEGIRMOQSUWXACEGIKMOQSU
ACEGIKMOQSUWXACEGIKMOQSUWXACEGIKMOQSUWXACEGIKMOQSU
ACEGIKMOQSUWXACEGIKMOQSUWXACEGIKMOQSUWXACEGIKMOQSU
```

Werte auf die Linien schreiben.

Auswertung und Übertrag Seite 136.

Blitzkartenübung 11

Und wieder mit der Blitzkarte Block für Block durchgehen. Die Übung kann mehrmals durchgeführt werden, doch gilt für die Bewertung nur der erste Durchgang.

18649 354	52478 139
43655 298	10625 265
20458 443	57387 736
21971 132	52618 736
27316 963	14372 737
78819 348	68936 129
41673 850	30744 904
38166 972	57662 839
24018 657	18747 310
48607 259	15378 904

Für jeden richtig erkannten Block 5 Punkte = ...

Ergebnis in die Kontroll-Liste auf Seite 157.

Übersetzungsübung 11

a) Seit jeher hat man sich um die Verwertung von Abfällen Gedanken gemacht. Wenn Abfälle verwendet werden können, so ist die ganze Produktion wirtschaftlicher. Das gilt auch für Holzabfälle. Hier fand man seit geraumer Zeit eine gute Lösung. Holzreste und -abfälle werden zerkleinert und weiterverarbeitet. Man stellt daraus Platten her. Weil sie ursprünglich hauptsächlich aus Spänen bestanden, erhielten sie den Namen Spanplatten, den sie beibehalten haben. Diese Spanplatten finden vielfach dort Verwendung, wo man auch mit Naturhölzern arbeitet. An manchen Stellen bieten sie sogar bessere Lösungen und konnten das ursprüngliche Material verdrängen.

....

....

b) Der Mensch steht mit den meisten Insekten auf Kriegsfuß. Schon unsere Vorväter gingen mit Fliegenfänger und Klatsche gegen sie an. Viele Insekten sind ausgesprochen lästig. Manche von ihnen sind darüber hinaus auch schädlich. Deshalb sucht man nach wirksameren Bekämpfungsmitteln. Unsere Techniker greifen dabei auf Naturgegebenheiten zurück. Licht lockt Insekten an. Es lag daher nahe, Fallen zu bauen, die sich dieser Tatsache bedienen. Unterdessen ist es gelungen, Lichtfallen zu konstruieren, die außerordentlich wirksam sind. Von einer Lichtquelle angelockt, werden die Schädlinge sicher vernichtet.

....

....

c) Was Eis ist, weiß jedermann. Fragen Sie den ersten besten, ja kleinere Kinder, man wird Ihnen antworten: Gefrorenes Wasser. Weiß aber auch jeder, was Trockeneis ist? Wissen Sie es? Fragen Sie, was Trockeneis sei, so wird man meist herumreden. Einer vermutet: Besonders leichtes Eis. Ein anderer meint: Eis tieferer Kältegrade. Niemand kommt auf die Idee, daß es sich dabei nicht um gefrorenes Wasser handelt und die korrekte Antwort auf die Frage: Was ist Trockeneis? lautet: Verfestigtes Kohlensäuregas.

....

....

Lösungsvorschläge auf Seite 142.

Wertungs- und Ordnungsübung 5

Zeit stoppen! Mit geringstmöglicher Zeit auszukommen suchen. Stellen Sie in die richtige Reihe:

a) Linie, Winkel, Wabe, Punkt, Dreieck, Vieleck, Quadrat, Pentameter.

b) 7jähr. Krieg, 30jähr. Krieg, 100jähr. Krieg, Kreuzzüge, Korea-Krieg, Punische Kriege, Befreiungskriege, Weltkriege.

c) schön, herrlich, unschön, nichtssagend, wunderbar, häßlich, abscheulich, widerlich.

d) sinnlos, erstrangig, hochbedeutsam, unbedeutend, wichtig, unwichtig, nötig, belanglos.

e) reden, wispern, brüllen, sprechen, rufen, schreien, deklamieren, flüstern.

f) Sandviper, Kreuzotter, Blindschleiche, Klapperschlange, Anakonda, Königskobra, Puffotter, Boa.

g) verärgert, wutschnaubend, zufrieden, heiter, verstimmt, fröhlich, gutlaunig, zornig.

h) Sterne, Gebirge, Wolken, Haus, Wolkenkratzer, Hütte, Hochhaus, Fernsehturm.

i) Bleistift, Telegraphenstange, Streichholz, Spazierstock, Schiffsmast, Blumenstab, Knüppelholz, Zaunpfahl.

j) Rundteppich, Bierdeckel, Teller, Untertasse, Reifen, Manege, Kuchenplatte, Münze.

Zahl der richtigen Ordnungen: ....

Benötigte Zeit: .... Minuten .... Sekunden.

Auswertung und Übertrag Seite 139.

Strukturübung 11

a) So manche Krankheit findet eine überraschende Ursache. Auch die heutzutage vielerorts sich auswirkenden Aggressionen lassen sich meistens begründen. Krankheit und Aggressionen sind oft die Folgen davon, daß wir unsere Gefühle verdrängt haben, ja, verdrängen mußten. Ein Junge weint doch nicht! Wie oft mußte man das hören. Im Alten Testament und bei den Germanen durften die Helden weinen. Wer rot wird, den spottet man aus. Er kann halt seine Gefühle nicht beherrschen. Wenn einer prahlt, ohne rot zu werden, ist es allerdings auch nicht recht. Es gilt auch als unmännlich, wenn man Schmerz oder Trauer zeigt. All solche Gefühlsäußerungen müssen fortlaufend verleugnet werden. Man verdrängt sie in das berühmte, noch längst nicht erforschte Unterbewußte. Aber das wissen wir doch schon recht gut: Vom Unterbewußtsein her wirken die verdrängten Empfindungen auf ihre Weise weiter. Der Mensch erkrankt oder entwickelt Aggressionen, die sich an anderer Stelle auszutoben versuchen.

b) Das Seelenleben des Menschen wird zu einem gewissen Teil von seinen Veranlagungen geformt. Hinzu kommen die persönlichen Erfahrungen, die man freiwillig oder unfreiwillig macht. Schließlich wirkt auch noch die Erziehung auf unser Seelenleben ein. Veranlagungen, Erfahrungen und Erziehung wirken sich auf das psychische Geschehen in uns aus. Unterdessen hat die Forschung nachweisen können, daß in unserem Körper elektrochemische Vorgänge ablaufen, die zu einer Ansammlung von Energie führen können. Physisches und psychisches Geschehen sind es gemeinsam oder in Wechselwirkung, die zu einem regelrechten Energiestau führen können. Was soll damit geschehen? Soll man warten, bis die Kräfte in uns zum Ausbruch kommen? Das könnte zu unkontrollierten Affekthandlungen führen, ja sogar Selbstzerstörung nach sich ziehen. Es kommt deshalb darauf an, die Energien gezielt einzusetzen, um sie lenken zu können. Das heißt im einzelnen: Planen für das Leben, planen für den Erfolg. Es heißt weiter methodisieren und es heißt, die eingeleiteten Maßnahmen überwachen, also kontrollieren.

Lösungsvorschläge auf Seite 152.

Sonderübung 5

Wieder gilt es, zu jedem vorgegebenen Wort drei andere zu finden, die mit ihm in Beziehung stehen. Die Grundwörter sind dieses Mal abstrakte Begriffe. Die assoziierten Wörter brauchen nicht gleichfalls Abstrakta zu sein.

Zeit messen — versuchen, die Aufgabe so schnell wie möglich zu bewältigen:

Glück ....

Freude ....

Trauer ....

Weisheit ....

Schande ....

Schönheit ....

Tugend ....

Ethik ....

Moral ....

Klugheit ....

Ansehen ....

Ärger ....

Bedrückung ....

Mode ....

Kunst ....

Erbauung ....

Stille ....

Versenkung ....

Herrlichkeit ....

Phantasie ....

Benötigte Zeit: .... Minuten .... Sekunden.

Lösungsvorschläge auf Seite 159.

12. Trainingseinheit

Beobachtungsübung 12

```
1234567890123456789012345678901234567890123456788o
1234567890123456789012345678901234567890123456789o
1234567890123456789012345678901234567890123436789o

0987654321098765432109576543210987654371o987654321
0987654321098765432109876543210987654321o987654321
0987634321098465432109876543710987654321o987654821

1357913579135791357918579135791357913579135791357913579
1357913579135791357913579135791357913579135791357913579
1357913579135791357913579735791357613579135491357913579

2468o2468o2468o2468o2468o2468o2468o2468o2468o2468o
2468o2468o2468o2468o2468o2468o2468o2468o2468o2468o
2468o2463o2468o2468o2468624680246802468o2468o2468o

1357924680135792468015577924680135779246807357924686
1357924680135792468013579246801357792468013579246 80
1357924680135792868013579246801357792468013579246 80

9753108642975310864297531086429753108642975310 8642
9753108642975310864297531086429753108642975310 8642
9753108642975310864297531086429753108642975810 8642

36875814703692381470369258147036925814703692581470
36825814703692581470369258147036925814703692581470
36825814703692581470366258147036925314703692581770

07418529650741852963074185296307418529630741852963
07418529630741852963074185296307418529630741852963
07418529630741852963074185295307418529630741862963
```

Zahl der gefundenen Abweichungen und Differenz zur tatsächlichen Zahl
eintragen.

Ergebnis in Kontroll-Liste auf Seite 136.

Blitzkartenübung 12

Pro Block 1 Blitz = 1 Blick.

Übung sollte so oft durchgeführt werden, bis es keine Mühe mehr macht, alle Ziffern eines Blockes sicher mit einem Blick zu erfassen.

Bei der Auswertung gilt nur der erste Durchgang.

2411	4566
2533	4443
1618	o757
5195	9113
1151	2152
2491	4618
7927	5297
5186	5929
9o24	9463
9363	1158
7o31	6316
2oo9	9o49
4593	1o7.1
o752	421o
9671	313o
o82o	o185
5772	8233
952o	4825
2248	529o
1353	o257

Für jeden richtig erkannten Block 5 Punkte = ...

Ergebnis auf Seite 157 eintragen.

Übersetzungsübung 12

a) Sosehr auch unsere Jüngsten es bezweifeln oder gar bestreiten mögen: Schule muß sein. Ein beträchtlicher Teil der Staatseinnahmen ist immer für Schulzwecke bereitzustellen. Damit werden wir alle betroffen, ganz gleich ob wir selbst Kinder zur Schule schickten, schicken oder schicken werden.

Es mögen, besonders die unmittelbar Betroffenen und oberflächliche Betrachter zwar eine Ungerechtigkeit darin sehen, aber auch kinderlose Staatsbürger haben zur besseren Ausbildung der Kinder beizutragen. Die Steuer bittet ja auch sie zur Kasse. Ein Teil der Einnahmen, siehe oben, fließt dann den Schulen zu, beziehungsweise wird für die Maßnahmen der Schulausbildung verwendet. Man zahlt auch, um die Ausbildung fremder Kinder zu finanzieren.

....

b) Unser Leben ist bedroht. Täglich jagen neue Schreckensmeldungen um den Erdball. Mal sind es die Atomwolken, ein ander Mal falsche Lebensgewohnheiten, zuviel Essen, zuwenig Bewegung, die Umweltverschmutzung, die unser Leben gefährden. Viel zuwenig beachtet wird aber ein wirklich sehr ernstes Problem: Das Problem der Haushaltung mit dem Wasser. Wer sorgfältig die hier und dort auftauchenden Meldungen verfolgt, könnte, wenn vielleicht auch nicht unmittelbar für seine Person, so doch für die Menschheit, wirklich in Schrecken geraten. Es ist nicht übertrieben vorauszusagen, daß sich des Themas Wasserverteilung, -bevorratung, -bewirtschaftung in naher Zukunft die Politiker der ganzen Welt annehmen müssen.

....

c) Handwerk hat goldenen Boden, so hieß es einmal. Schaut man in die Wirtschaft hinein, betrachtet man die Arbeit in den Industriebetrieben, so scheint das Wort allmählich an Bedeutung zu verlieren. Dabei war bis vor nicht allzu langer Zeit eine gründliche handwerkliche Ausbildung nötig, wollte man in der Industrie gute Arbeit leisten. In den Anfängen war es sogar undenkbar, ohne entsprechendes Können Industriearbeit zu verrichten.

....

....

Lösungsvorschläge auf Seite 142.

Wertungs- und Ordnungsübung 6

Unsere letzte WuO-Übung bringt Ihnen nun jeweils 10 Begriffe, die wieder in kürzestmöglicher Zeit in die richtige Ordnung zu bringen sind:

a) Leichtgewicht, Fliegengewicht, Weltergewicht, Federgewicht, Halbweltergewicht, Mittelgewicht, Schwergewicht, Halbmittelgewicht, Halbschwergewicht, Bantamgewicht.

b) Ch. Columbus, Wilhelm Filchner, Walter Raleigh, Leif Erikson, Marco Polo, Sven Hedin, A. v. Humboldt, Cortez, D. Livingstone, Vasco da Gama.

c) Theodorich, Ludwig XIV., Dschingis Khan, Jeanne d'Arc, Mohammed, Marc Aurel, Napoleon, Karl d. Große, Hermann d. Cherusker, Heinrich I.

d) Alpha, Gamma, Theta, Eta, Beta, Zeta, Jota, Kappa, Delta, Epsilon.

e) Lenzmond, Weinmond, Heumond, Wonnemond, Brachmond, Christmond, Windmond, Erntemond, Schneemond, Herbstmond.

f) Aluminium, Radium, Gold, Magnesium, Kalium, Eisen, Kupfer, Platin, Blei, Silber.

g) Buchungsmaschine im Raum, Unterhaltungsgespräch nah, Preßlufthammer, Martinshorn, Motorrad, ruhige Straße, geringer Straßenverkehr, leichtes Blattrauschen, Flüstern, Luftschutzsirene nah.

h) Autobatterie, Taschenlampenbatterie, Gewitterblitze, Straßenbahnleitung, Hausnetz, Zitteraal, Leuchtstoffröhre, Eisenbahnleitung, Elektrokarren, Elektronenmikroskop.

i) elastisch, gasförmig, butterweich, zerlaufend, hart, flüssig, steif, fest, steinhart, weich.

j) Heft, Reihe, Zettel, Broschüre, Sammlung, Block, Buch, Werk, Blatt, Bibliothek.

Zahl der richtigen Ordnungen: ....

Benötigte Zeit: .... Minuten .... Sekunden.

Auswertung und Übertrag Seite 139.

Strukturübung 12

a) Es ist selten, daß sich Mitarbeiter ernstlich darüber Gedanken machen, wie belastend unnötige Telefonate sind. Ganz anders Berater, Organisatoren und Betriebsleitung. Unnötiges Telefonieren, Gespräche ohne Informationsgehalt führen oft zu erheblichem Zeitverlust. Man kann sogar den Klatsch und Tratsch innerhalb sonst notwendiger Gespräche dazurechnen. Das gleiche gilt für langatmige Ausführungen und nichtsbringende Wiederholungen, Floskeln, wie sie oft gebraucht, aber von niemandem ernst genommen werden. Um unnötiges Telefonieren zu vermeiden, sollte man erst denken (dann sprechen — vielleicht)! Mitunter ist es rationeller zu schreiben. Fällt der Entscheid: Telefonieren, dann sollten auch beim Gespräch gewisse Regeln eingehalten werden. Unsere Betrachtungen jetzt gelten aber dem unnötigen Telefonieren. Es bedeutet nahezu immer eine Blockierung vieler Beteiligter. Es führt zu Zeitverlust, die ihrerseits zu Störungen im gesamten Arbeitsablauf führen. Zu einem gewissen Teil könnte die so oft beklagte Überlastung stark gemindert werden, wenn unnötiges Telefonieren vermieden wird. Zu alledem tritt noch der Kostenfaktor. Unnötiges Telefonieren schlägt zu Buch — manchmal recht erheblich.

b) Die Organisation der Betriebe hat vielerorts bereits exakte Regeln für rationelles und ökonomisches Telefonieren festgelegt. Weit weniger oft, aber vielleicht auch sehr wirksam ist es, Anweisungen für einzuhaltende telefonfreie Zeiten zu geben. Es gibt immerhin schon eine Reihe von Unternehmen, die telefonfreie Zeiten eingeführt haben. In anderen Firmen waren es Mitarbeiter selbst, die sich telefonfreie Arbeitszeiten zu verschaffen wußten. Es liegt auf der Hand, daß mit solchen störungsarmen Zeiten eine starke Entlastung einhergehen muß. Wenn einmal alle sich daran gewöhnt haben, dann wird die Geschäftsleitung ebenso entlastet, wie der einzelne Mitarbeiter. Besonders günstig kann sich die unterschiedliche Verteilung telefonischer Zeiten aber entlastend auf die Zentrale auswirken, die bekanntlich in den »Stoßsprechzeiten« zur Unzufriedenheit aller meistens überfordert ist. Es ist daher immer zu überlegen und dann festzulegen, von wann bis wann wer »telefonfrei« hat.

Lösungsvorschläge auf Seite 152.

Sonderübung 6

Eine besondere und etwas anspruchsvollere Assoziations-Übung ist die Bildung von parallelen oder zweigleisigen Assoziationen. Wieder geht man von einem Reizwort aus. Es werden aber dann zwei verschiedene Ketten gebildet, die wechselweise ergänzt werden müssen.

Beispiel: Reizwort: Künstler

1. *Kette*	2. *Kette*
— Maler	— Sänger
— Pinsel	— Noten
— Farbe	— Papier
— Wand	— Schrift usw.

Wichtig bei dieser Übung ist, daß nicht erst eine Kette ein Stück oder gar zu Ende geführt wird und dann die andere, sondern immer wechselnd der einen und der anderen je ein Wort zugefügt wird. Das Ganze muß wieder sehr schnell geschehen. Es ist mit Papier und Bleistift durchzuführen. Übungszeit: 6 Minuten.
Innerhalb dieser Zeit sollte jede Kette mindestens 30 Begriffe bekommen. Besonders zu beachten ist, daß die Begriffe in beiden Ketten einander nicht zu ähnlich sind. Gleiche Begriffe sind völlig zu vermeiden.

Und nun zu Ihrer Übung! Das Reizwort lautet:
Elektrizität
Einen Lösungsvorschlag finden Sie auf Seite 160.

Wenn Sie weitere Übungen machen wollen, dann bedienen Sie sich folgender Wörter:

Held	Büro	Paket
Theater	Spielcasino	Tennis
Dummheit	Sauna	Spielplatz
Phantast	Gebirge	Frisör
Wald	Zoo	Bergbau

Auch für dererlei Übungen können Sie praktisch von jedem Begriff ausgehen.

Teil III – Fitness-Stufe

13. Trainingseinheit

Unsere Beobachtungsübungen erhalten nun den höchsten
Schwierigkeitsgrad. Fünf Zeilen von Zeichen stehen nunmehr dicht untereinander. Die 2. und 4. Zeilen gelten als
Norm. Abweichungen in den anderen drei Zeilen sind
anzustreichen.

Beobachtungsübung 13

```
1234567890123456789018345678901234567890123456789o
1234567890123456789012345678901234567890123456789o
1234567890123456789012345678901237567890123456789o
1234567890123456789012345678901234567890123456789o
1234567890123456789612345678901234567890123456489o

09876543210987654321098765432109876543210987654321
09876543210987654321098765432109876543210987654321
09876543210987654321098705432109876543210987654321
09876543210987654321098765432109876543210987654321
09876543210987654321098765432109876543210987654321

1357918579135791357913579135791357913579135491 3579
1357913579135791357913579135791357913579135791357913579
1357913579135791352913579135791357913579135797357913579
1357913579135791357913579135791357913579135791357913579
1357913579135791357913573135791357913579135791357913579

2468324680246802468024680246802768024680246802868o
2468024680246802468024680246802468024680246802468o
2468024680246862468024680246802468024680546802468o
2468024680246802468024680246802468024680246802468o
2461024680246802468024640246802468074680246802468o

0864292531086429753108642945310864297531o364297531
0864297531086429753108642975310864297531086429753
08642975370864297531o364297531086429253108642975 31
08642975310864297531086429753108642975310864297531
0864297531086429753108642375310864297531 5864297831

9753108642975310864292531086429753108642975310 8642
9753108642975310864297531086429753108642975310 8642
9753108642975310864297531086429253108642978310 8642
9753108642975310864297531086429753108642975310 8642
9753108642675310864297331086429753108642975310 8642
```

Eintragungen auf die Linien.   Auswertung auf Seite 136.

Blitzkartenübung 13

Notfalls Übungen an den Folgetagen wiederholen und erst am Schluß die nächstfolgende Blitzkartenübung angehen. Für die Auswertung gilt immer nur der erste Durchgang.

123	325
456	125
789	525
987	849
654	329
321	295
975	809
864	343
310	321
915	854
824	329
736	671
147	821
259	912
306	753
951	636
842	601
650	685
160	825
237	053
486	379
375	342
480	193
741	484
846	431
529	056
735	410
601	833
547	309
386	512

Für jeden richtig erkannten Block 5 Punkte = ...

Ergebnis auf Seite 157 eintragen.

Zusammenfassungsübung 1

Sie haben es an den Lösungsvorschlägen zu den letzten Übersetzungsübungen sicherlich gemerkt, daß es uns nach und nach mehr auf eine Zusammenfassung und Wiedergabe der Hauptgedanken ankam als darauf, daß alles wiederholt wird. In diesem Sinne bitten wir Sie, auch mit den Zusammenfassungsübungen zu arbeiten. Versuchen Sie zu jedem kurzen Text eine Zusammenfassung zu finden, die vielleicht als Schlagzeile schon den ganzen Inhalt ausdrückt.

a) Ganz ähnlich wie die Astronauten den Raum erforschen sollen, so gibt es Aquanauten, deren Arbeitsgebiet die Tiefen der Meere sind. Sie untersuchen Meeresströmungen und das Leben der Fische und sammeln Daten, die die Lebensmöglichkeiten untersuchen sollen, wie beispielsweise die Ernährung durch Algen.

....

b) Immer wieder hört man von Butterbergen, die der Wirtschaft Kopfschmerzen machen. Welche gesundheitlichen oder auch scheingesundheitlichen Gründe genannt werden, wahrscheinlich waren es einzig und allein wirtschaftliche Erwägungen, die findige Unternehmer auf einen seltsamen Ausweg kommen ließen. Sie schufen ein Mischprodukt aus Butter und Margarine, gaben ihm den lustig klingenden Namen Butterine und hoffen, wohl so des Butterberges Herr zu werden.

....

c) Flöhe sollen längst ausgestorben sein. Betrachtet man die sich an Kilometern gewaltig mehrenden Autobahnen und Schnellstraßen, so scheint es auch keine Chausseen mehr zu geben. Seltsamerweise wird jedoch in unserer Zeit oft von Chausseeflöhen gesprochen. Mit dieser scheinbar gutmütigen, doch die ganze Arroganz der Autobesitzer ausdrückenden Bezeichnungen belegt man die Radfahrer, weil sie den Herren bei ihren »Straßenrennfahrten« lästig sind.

....

d) Das Risiko, mit nur einem Produkt zu arbeiten, ist groß. Allenthalben sucht man nach dem zweiten, dritten Bein. Manche Firmen sind längst Tausendfüßler. Man hat auch ein wohlklingendes Fremdwort bei der Hand: Diversifikation. Im Grunde geht es darum, durch Vielseitigkeit Marktgefahren zu entgehen.

....

Lösungsvorschläge auf Seite 143.

Gliederungsübung 1

Aus den Wertungs- und Ordnungsübungen der Aufbaustufe werden nun Gliederungsübungen. Mit ihnen finden Sie jedesmal einige Sätze oder satzähnliche Kurzaussagen, die, richtig aneinandergereiht, eine Handlung oder einen Ablauf schildern. Nur geben wir Ihnen die Sätze in ungeordneter Form. Schreiben Sie auf die Linien neben die Sätze die richtige Ordnungszahl.

Beispiel:

A	a)	Schlägt Tür heftig hinter sich zu.	2
		Fährt mit Kavalierstart verärgert davon.	3
		G. steigt in sein Auto.	1

Die Übungen beginnen sehr leicht, werden aber immer schwieriger. Wieder kommt es auf die Zeit an. Sie sollten es so schnell wie möglich schaffen. Nehmen Sie nun die Uhr zur Zeitmessung und gliedern Sie richtig:

B a) Das ist leider nicht richtig! ....

   b) Wer weiß die Antwort? ....

   c) Ich weiß sie! ....

C a) Na, da wollen wir mal schauen! ....

   b) Der Nächste bitte! ....

   c) Ich habe starken Magendruck! ....

D a) Essen ist fertig! ....

   b) Habe nichts gehört! ....

   c) Warum kommst du denn nicht! ....

E a) Einwerfen. ....

   b) Schreiben. ....

   c) Frankieren. ....

F a) Frühsport. ....

   b) Fernsehen. ....

   c) Kantinenessen. ....

Richtige Gliederungen: ....

Benötigte Zeit: .... Minuten .... Sekunden.

Auswertung und Übertrag auf Seite 158.

Strukturübung 13

Von nun an streben wir mit den Strukturübungen an, deutlich herauszu-
stellen: Ursachen, Folgen, Hauptgedanken, Neben- oder Untergedanken,
weitere wichtige, doch stärker untergeordnete Ausführungen, Details am
Rande. Hier das Prinzip:

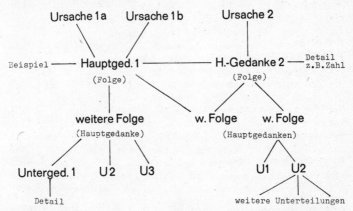

Hauptgedanken = sehr groß	Gleichwertiges sollte gleich groß erschei-
Untergedanken	nen.
Nebengedanken	Weitere Unterschiede, die mit Hilfe ab-
= groß	nehmender Größe die Bedeutung hervor-
alles andere = klein	kehren, können bei Bedarf eingesetzt
	werden.

Strukturieren Sie nun folgenden Text nach eigenem Ermessen und vergleichen Sie anschließend im Lösungsteil auf Seite 153.

Erst um 1970 erschien in den Lexika ein bis dahin unbekannter Begriff:
Ergonomie. Darunter versteht man eine ursprünglich von der Weltgesund-
heitsorganisation (WHO) entwickelte Wissenschaft, die sich mit den Um-
welteinflüssen auf die menschliche Arbeitskraft befaßt. Biologie und Medizin und in dieser Physiologie und Psychologie in gleichem Maße leisten ihre
Beiräge zur Ergonomie. Z. B. gehört es zu ihren Untersuchungen herauszufinden, wieweit Hitze, Geräusche und Licht auf die Arbeitsleistung einwirken. Aber auch die Geschicklichkeit des Menschen spielt eine Rolle.
Man untersucht Fertigkeiten und ermittelt, wieweit die Entschlußfähigkeit
eine Rolle spielt, bzw. welche Antriebskräfte herrschen. Als Begründer der
Ergonomie gilt Dr. W. T. Singleton.

Sonderübung 7

Eine alte Gliederungsform, mit der man heute noch hervorragend Reden und Aufsätze ordnen kann, ist die Chrie. Chrie heißt soviel wie »Anwendung« (aus d. Griech.) und empfiehlt, einen Stoff so zu gliedern:

(1) Thema / Überschrift, Titel usw.
(2) Begründung / Aufführung der eigenen Ansichten
(3) Erklärung / Beweis der eigenen Ansichten
(4) Gegensatz / Vorweggenommene Meinung eventl. Gegner
(5) Beispiele / Ähnliches Geschehen am anderen Ort
(6) Vergleiche / Bildhafte Verdeutlichung der Aussagen
(7) Zeugnisse / Zahlenmaterial, Aussagen anerkannter Größen
(8) Schluß / Mit der Aufforderung zur Handlung bzw. sich der Meinung anzuschließen.

Wir geben Ihnen im folgenden eine Reihe von Stichwörtern. Schreiben Sie in den Kreisen hinter den Wörtern die Nummer des Chrie-Punktes, zu dem Sie Ihrer Meinung nach gehören (bei den ersten drei Wörtern als Beispiel schon vollzogen). Sie brauchen nicht die Zeit zu messen, doch sollten Sie sich auch bei dieser Übung darum bemühen, sehr schnell durchzukommen.

Begrüßung und Anrede	(1)	Gestern geschah folgendes	( )
Es ist falsch, daß	(4)	Dazu erkläre ich	( )
. . . und fordere Sie auf	(8)	Wählt Liste . . .	( )
Meine Meinung ist	( )	Eine Katastrophe wie Hiro-	
Wie Goethe sagt . . .	( )	shima	( )
So hoch wie der Eiffelturm	( )	Ich stelle Ihnen vor	( )
. . . werde ich beweisen	( )	So wie ich es sehe	( )
Mein Thema lautet . . .	( )	Dadurch habe ich untermauert	( )
Man könnte zwar dagegen ein-		Diese Ansicht stimmt nicht	( )
wenden . . .	( )	Wir fordern . . .	( )
Wenn unsere Gegner auch be-		Die DIN-Norm besagt	( )
haupten . . .	( )	Schauen Sie doch in unsere	
So wie eine Schwalbe ruhig		Nachbarländer . . .	( )
segelt . . .	( )	Fest wie die Eiche im Sturm	( )
In X-Stadt geschah . . .	( )	Damit ist alles gesagt	( )

Lösung auf Seite 160.

Übrigens: Bei der Gliederung von Rede und Aufsatz kann man die Reihenfolge der Punkte zum Teil mit gutem Erfolg verändern.

14. Trainingseinheit

Beobachtungsübung 14

```
12345678901234567890123756789012345678901234567890
12345678901234567890123456789012345678901234567890
12345678901234567890123456789015345678901234567890
12345678901234567890123456789012345678901234567890
12345678901234567890123456789012345678901234537890

09376543210987654321098765432709876543210987654321
09876543210987654321098765432109876543210987654321
09876543210387654321090765432109876643210987654821
09876543210987654321098765432109876543210987654321
09876543210987654521098765432106876543210987654321

13570135791357913579135791357913579135791357913579
13579135791357913579135791357913579135791357913579
13579135791357913576135791357913579135791357913579
13579135791357913579135791357913579135791357913579
13579134791357913579135791357913579135791327913579

24680276802468024680246802468024650246802468024680
24680246802468024680246802468024680246802468024680
24680246801468024680246872468024680246402468024680
24680246802468024680246802468024680246802468024680
24680246002468024680246802468024680246802468324680

08642975310864297531086429753108642975310864297531
08642975310864297531086429753108642975310864297531
08642975310364297531086429753108642975310864597531
08642975310864297531086429753108642975310864297531
08642975310864297531086429753108642975310864297531

97531086439753108642975310864297531086429753108642
97531086429753108642975310864297531086429753108642
97531086429753108642975310864297531086429753108642
97531086429753108642975310864297531086429753108642
97531086429753108642975316864297531386429753105642
```

Ergebnis auf die Linien schreiben.

Auswertung auf Seite 136.

Blitzkartenübung 14

163	335
729	832
498	113
926	896
789	867
681	636
147	813
348	304
772	404
652	825
251	222
421	439
721	132
640	517
571	245
535	350
474	297
638	408
443	301
068	351
744	555
741	965
541	193
546	491
726	113
170	635
096	529
591	362
675	190
106	342

Für jeden Block, der beim ersten Durchgang richtig
erkannt wurde, schreiben Sie sich 5 Punkte zu = ...

Ergebnis auf Seite 157 eintragen.

Zusammenfassungsübung 2

Bilden Sie wieder »Schlagzeilen«, die den Inhalt der Kurztexte möglichst treffend umreißen:

a) Die mit ausgehendem 18. Jahrhundert beginnende Industrie-Revolution hat gewaltige Änderungen mit sich gebracht. Mit ihr kamen auch die Warnrufe und Schlagwörter wie »Entseelung«. Man kann die Zeit nicht zurückdrehen, wie ein Wort sagt. Die Entwicklung geht weiter, und es ist noch lange nicht abzusehen, wann sie einmal zu Ende sein wird.

b) Ein Vortragender, der über die Veränderung des Bildungswesens sprach, erhielt den Zwischenruf: »Erziehen Sie so nicht lauter Fachidioten?« Die Antwort: »Mir sind Fachidioten noch lieber als Vollidioten!« Sehen wir davon ab, daß begrenztes Fachwissen nicht zur Engstirnigkeit führen darf, so muß man dem Vortragenden zustimmen. Es ist, wie es scheint, unvermeidbar, daß jeder im Wirtschaftsleben stehende sich streng fachlich ausrichten muß. Vielleicht ist der Begriff »Fachidiot« nur von jenen geprägt worden, die lieber an der Oberfläche herumplätschern, alles tun und wissen wollen, aber doch nie etwas zustande bringen. Es wäre dann besser, von Fachwissensidioten zu sprechen.

c) Die immer wieder neu aufbrandenden Debatten über den Paragraphen 218 (schon in den zwanziger Jahren gab es einen Volksbund für Geburtenregelung, der für seine Abschaffung plädierte) haben einen anderen, wie es scheinen will, vernünftigeren Begriff in den Hintergrund gedrängt: die Familienplanung. Mit modernen medizinischen Einsichten und den zur Verfügung stehenden Mitteln sollte von den Ehepartnern eine derartige Planung durchaus praktikabel sein. Es würde dann weitaus weniger Geschrei um den scheinbar so anrüchigen Paragraphen gemacht und dennoch befriedigende Lösungen zu finden sein.

Lösungsvorschläge auf Seite 143.

Gliederungsübung 2

In kürzester Zeit in die richtige Reihe bringen:

A a) Idee skizzieren   ....

    b) In Druck geben   ....

    c) Einfall haben   ....

    d) Entwurf fertigen   ....

    e) Buch verkaufen   ....

B a) Versetzt werden   ....

    b) In die Schule kommen   ....

    c) Daheim vorlegen   ....

    d) Arbeit schreiben   ....

    e) Zeugnis erhalten   ....

C a) Rosen züchten   ....

    b) Garten anlegen   ....

    c) Heim schmücken   ....

    d) Grundstück pachten   ....

    e) Knospen schneiden   ....

D a) Urlaub machen   ....

    b) Geld abheben   ....

    c) Geld sparen   ....

    d) Urlaub planen   ....

    e) Sparbuch anlegen   ....

E a) In Bauer einsetzen   ....

    b) Nest bauen   ....

    c) Vogelpaar kaufen   ....

    d) Vögel aufziehen   ....

    e) Eier legen   ....

Richtige Gliederungen: ....

Benötigte Zeit: .... Minuten .... Sekunden.

Auswertung auf Seite 158.

Strukturübung 14

a) Wer den Schaden hat, braucht nicht für Spott zu sorgen. Das wissen leider auch Menschen, die von einem Kropf befallen sind. Zu diesem Übel kann durchaus der Jodgehalt des Bodens beitragen. Andererseits kann aber auch eine einseitige Ernährung die Ursache sein. Unter Kropf versteht man die anormale Vergrößerung der Schilddrüse, eines normalerweise um die 40 g schweren Organs, welches beim Gesunden nicht sichtbar und nicht tastbar ist. Die Schilddrüse liegt U-förmig um den oberen Teil der Luftröhre. Eine ernstere Erkrankung erhielt nach dem Arzt Basedow ihren Namen. Auch sie geht mit vergrößerter Schilddrüse einher und bewirkt beim Patienten allgemeine Labilität. Der Puls geht schneller und Schlaflosigkeit kann sich einstellen. In schweren Fällen ist oft nur durch Operation zu helfen. Basedow beruht auf Überfunktion der Schilddrüse. Aber auch eine Unterfunktion zählt zu den Schilddrüsenerkrankungen. Sie führt zur Trägheit und zur Abstumpfung und kann durch entsprechende Hormonzufuhr geheilt werden.

b) Seit den schrecklichen Tagen von Nagasaki und Hiroshima droht der Menschheit die gespenstische Gefahr der Atombombe. Obwohl nur ein Nebenprodukt der Forschung, die sich mit der Kernspaltung befaßte, ist sie zum Symbol der Atomzertrümmerung schlechthin geworden. Die Kernspaltung ging davon aus, daß bestimmte Elemente zum Zerfall tendieren und unter gegebenen Bedingungen durch Abspaltung von Neutronen (eine Art von Elementarteilchen) zu Kettenreaktionen führen, die gewaltige Kräfte freisetzen. Die Atombomben entwickeln Temperaturen, die nach Millionen von Graden messen. Die totale Zerstörung hatte schon bei den ersten Atombomben einen Durchmesser von zweieinhalb Kilometern. Der Grundstoff für die Kernspaltung ist im allgemeinen Uran 235 oder Plutonium 239, in der Natur nicht frei vorkommende Elemente, die durch langwierige und komplizierte Verfahren gewonnen werden. Die größte Gefahr der Kernspaltung, die dann eintritt, wenn unterkritische Mengen miteinander vereinigt werden, ist aber die Radioaktivität. Sie kann große Landstriche auf Monate hin verseuchen. Hoffen wir, daß die friedliche Nutzung der Kernspaltung, mit der man Energieprobleme zu lösen sucht, für die Zukunft die einzige Anwendung bleibt.

Lösungsvorschläge auf Seite 153.

Sonderübung 8

In dem folgenden Text kommt das Wort Leseleistung(en) viermal vor. Ihre Aufgabe besteht darin, in einer möglichst kurzen Zeit die entsprechenden Stellen anzustreichen. Sie sollten hinterher auch grob wissen, was der Aufsatz zum Ausdruck bringt:

Zeit stoppen / Start:

Jemandem, der es nie lernt, seine Gedanken zügiger voranzubringen, kann man auch nicht schnelleres Lesen beibringen. Lerne methodischer denken — so müßte die Forderung lauten —, dann wird deine Leseleistung verbessert! Nicht nur die Leseleistung. Alles, was Sie denkend tun, wird besser gelingen. Selbst die hohen körperlichen Leistungen unserer Sportler gründen auf Überlegungen von Ärzten, Physiologen, Psychologen und Trainern.
Ein Denktraining bewirkt, so wie wir die Rationalisierung der Lesearbeit sehen, daß der Geschulte auch besser zu schreiben (d. h. formulieren), zu reden und zu hören verstehen lernt. Daß man daneben im Lesetraining ein paar Fehler, negative Lesegewohnheiten, abbaut und schon dadurch zu etwas besseren Leseleistungen kommt, mag jene trösten, die nicht bereit sind, einige Zeit ein verhältnismäßig hartes und leider nicht immer amüsantes Denktraining durchzustehen. Ein weiterer Trost: In bescheidenen Grenzen vermag auch das durch Spezialübungen zu rhythmischer Arbeit angeleitete Auge etwas mehr zu leisten als der nervös, hastig über die Zeilen huschende Blick. Doch noch bevor die Geschwindigkeitsfanatiker frohlocken: Solche Übungen müssen sehr sanft einsetzen und sich so allmählich aufbauen, daß der Übende gar nicht merkt, wie er, mit der sich allmählich aufbauenden neuen Lesegewohnheit, zu erhöhter Lesegeschwindigkeit gelangt. Leider werden auch seriöse Lesetrainer immer wieder von zeitgedrängten Managern gezwungen, Kurse darzubieten, die den Übungsstoff so stark komprimieren, daß ein solches Training den Charakter einer Roßkur bekommt. Hohe Leseleistung ist vor allem gute Denkleistung. Sorgfältiger denken zu lernen ist ein Prozeß, der sich in vielen kleinen Stufen nur unter einem gewissen Zeitaufwand abwickeln läßt.

Benötigte Zeit: .... Minuten .... Sekunden.

(Text aus dem Buch: »Besser, schneller, rationeller lesen«.)

15. Trainingseinheit

Beobachtungsübung 15

```
1234567893123456789012345678901234567890123456789o
1234567890123456789012345678901234567890123456789o
1234567890123456789712345678901234567890128456789o
1234567890123456789012345678901234567890123456789o
1234567590123456789012345648901234567390123456789o

o987654321o987654321o937654321o987654321o987651321
o987654321o987654321o987654321o987654321o987654321
o987654321o987654321o987654321o987654321o987654321
o987654321o987654321o987654321o987654321o987654321
o987654327o987654321o987654321o987654821o987654321

1357913579135391357913579135791347913579135797 3579
1357913579135791357913579135791357913579135791 3579
13579835791357913579135791357913579135791357913 579
1357913579135791357913579135791357913579135791 3579
1357913579135791357913579235791357913579135791 3579

24680246802468324 68024680246812468024680246 5o2468o
2468o2468o2468o2468o2468o2468o2468o2468o2468o2468o
2468o2468o2468o2468o27 68o2468o2468o8 468o2468o2468o
2468o2468o2468o2468o2468o2468o2468o2468o2468o2468o
2468o1468o2468o6 468o2468o2468o2468o2468o2468o2468o

o864297531o864297531 7864297531o864897531o862297531
o864297531o864297531o864297531o864297531o864297531
o864297531o864267531o864237531o864297531o864297831
o864297531o864297531o864297531o864297531o864297531
o864297531o764297531o864297537o864297531o854297531

975310864297531086429753108642975310864297531 08642
975310864297531086429753108642975310864297531 08642
975310864297531086429 25310864297531086429753 1o3642
975310864297531086429753108642975310864297531 08642
975310864297531086429753108642975310864297531 08642
```

Ergebnis eintragen.

Auswertung auf Seite 136.

Blitzkartenübung 15

Immer wieder nur eine Aufblendung und danach sofort den ganzen Block aufzuschreiben versuchen.

Nach wie vor können die Übungen mehrfach wiederholt werden.

HLA	qay
BOP	wsx
XZQ	edc
OET	rfv
ERZ	tgb
PIT	zhn
ADG	ujm
SFH	iko
LSJ	lpö
KHF	qwe
MBX	wer
NVX	ert
QSC	tzu
GZU	zui
JMK	uio
PLI	asd
HTF	fdg
DWA	ghj
AYS	jxc
DCF	vbn
DBH	mju
JMK	ytm
LOK	who
JUH	dhl
HZG	lfz
FRD	bdo
SWA	cie
MJN	wlg
HUK	zkl
ZJI	gst

Pro richtigem Block 5 Punkte = ...

Ergebnis auf Seite 157 eintragen.

Zusammenfassungsübung 3

a) Reden wir nicht vom Haareschneiden, der Kurzhaarschnitt kommt ohnehin bald wieder und wird dann nicht mehr, wie jetzt, ein Zeichen des Individualismus sein. Daß man sich die Nägel hin und wieder schneiden muß, kam ohnehin nie völlig außer Mode. Eigentlich lästig, daß da immerzu etwas wächst, das man dann wieder kürzen muß. Wie ist das zu erklären? Was für Haar und Nägel beim Menschen gilt, wird beim Tier noch erweitert durch Krallen, Gehörn und Hufe. Es handelt sich dabei um einen Eiweißstoff in der äußeren Hautschicht. Es verhärten allmählich die Zellen, richtig gesagt, sie verhornen. Das geschieht dadurch, daß andere Bestandteile der Haut allmählich schwinden und dafür die Hornbestandteile, das Keratin, zunimmt. So betrachtet, ist es nicht richtig, wenn man die Haare bis zur Haut abzuschneiden verlangt. Haare sind, wie Nägel, selbst Haut, Bildungen der Haut.

....

b) Schon seit Methusalem oder anderen ehrwürdigen Herren mit dem biblischen Alter mehrerer hundert Jahre mag der Wunsch des Menschen, sein irdisches Leben möglichst lang auszudehnen, weitverbreitet gewesen sein. Auch in unseren Tagen ist es nicht anders. Geriatrie, die Altersheilkunde, ist zu einer Wissenschaft geworden, die alternde Menschen hoffen läßt. Sie befaßt sich mit den Krankheiten alter Menschen, wie man ihnen zuvorkommen kann, also mit den vorbeugenden Maßnahmen. Sollten ihr weiterhin Erfolge beschieden sein, so werden 100jährige und Ältere in naher Zukunft nicht mehr zu den Ausnahmen zählen.

....

c) Die öffentlichen Verkehrsmittel sind in den meisten Städten Zuschußbetriebe. Sie werden also von den Steuern getragen, d. h. bezahlen müssen wir so und so. Kostenlose Benutzung dieser Verkehrsmittel, der sogenannte Nulltarif, könnte nun aber gewaltige Personalkosten einsparen. Da diese Kosten beim Betrieb sehr hoch zu Buch schlagen, wäre es für alle billiger, wenn kein Fahrgeld mehr zu zahlen wäre. Also sparten nicht die Verwaltung und selbstverständlich die Fahrgäste, sondern letzten Endes auch die Steuerzahler.

....

Lösungsvorschläge auf Seite 143.

Gliederungsübung 3

A a) Fundament legen ....
  b) Baugrube ausheben ....
  c) Betondecken gießen ....
  d) Mauerwerk aufziehen ....
  e) Mauerwerk verputzen ....
  f) Dach decken ....
B a) Hörerschaft interessieren ....
  b) Hörer beeinflussen ....
  c) Fakten ordnen ....
  d) Vortrag entwerfen ....
  e) Vortrag halten ....
  f) Fakten sammeln ....
C a) Briefmarken sortieren ....
  b) Um philatelistische Frankatur bitten
  c) Briefmarken ins Album geben
  d) Briefmarken trocknen ....
  e) Marken abweichen ....
  f) Briefe entgegennehmen ....
D a) Wählscheibe betätigen ....
  b) Gesprächsnotiz machen ....
  c) Gespräch vorbereiten ....
  d) Notiz ablegen ....
  e) Rufnummer heraussuchen ....
  f) Mit Partner sprechen ....
E a) Öl nachbestellen ....
  b) Tank füllen ....
  c) Verbrauch kontrollieren ....
  d) Öl bestellen ....
  e) Temperatur regulieren ....
  f) Heizung anstellen ....

Richtige Gliederungen: ....

Benötigte Zeit: .... Minuten .... Sekunden.

Lösungsvorschläge auf Seite 158.

Strukturübung 15

a) Daß jemandem das Fell vergerbt wird, soll schon vorkommen. Im allgemeinen werden Häute erst gegerbt, wenn sie dem betroffenen Wesen abgezogen sind. Doch hat in den dreißiger Jahren ein Herr namens Jäger ein Verfahren der »Lebensgerbung« entdeckt. Unter gerben verstehen wir ja Verfahren, die Leder, also Haut, geschmeidig halten und vor Fäulnis schützen sollen. Lebendgerbung soll nun aber nicht unsere lederliefernden Tiere bei Lebenszeit präparieren, sondern ist ein heilkundliches Verfahren, mit dem die Haut durch Bäder u. ä. widerstandsfähig gemacht werden soll. Man will damit das Eindringen von Schadstoffen (z. B. Radiumpartikel von Leuchtziffernblättern) verhindern. Außerdem gilt es als vorbeugende Maßnahme gegen mancherlei Hautkrankheiten, Reizungen und Verbrennungen, deren Gefahr in verschiedenen Berufen auftaucht. Z. B. können Öle und Farben die Haut derer schädigen, die beruflich damit umzugehen haben. Lebendgerbung, die völlig unschädlich ist, soll vor allem eine sogenannte Entquellung der Haut herbeiführen und sie glatt und geschmeidig machen. Es hat sich nämlich gezeigt, daß allen Hautreizungen und -erkrankungen vorausgeht, daß die Haut quillt. Auch bei eintretenden Erkrankungen soll Lebendgerbung zur schnelleren Heilung beitragen.

b) Meeresfrüchte bereichern die Speisekarte vieler Feinschmeckerlokale. Wird aber das Wort bald eine neue Bedeutung bekommen und eine »Bebauung des Meeresbodens« zu neuen Nahrungsmitteln führen? Ansätze dafür gibt es schon seit langer Zeit. So fand man heraus, daß Algen für die menschliche Medizin als auch die Ernährung eine große Rolle spielen können. Schon heute werden Präparate gegen den Husten und andere zur Wurmbekämpfung aus Algen gewonnen. Andere Algen, es gibt Hunderte von Arten, werden über wertvolle Düngemittel der menschlichen Ernährung nützlich. Einige Arten, die Hunderte von Metern lang werden und oft unter der Bezeichnung Tang geführt werden, lassen sich auch unmittelbar zu Lebensmitteln verarbeiten. Z. B. der sogenannte Zuckertang und der, wegen seiner Form so geheißene, Flügeltang. Besonders in Japan, aber auch an europäischen Küsten, hat man regelrechte Algenfarmen angelegt, züchtet also diese außerordentlich vitaminhaltigen Pflanzen, die auch einen hohen Anteil an Mineralsalzen enthalten.

Lösungsvorschläge auf Seite 154.

Sonderübung 9

Aus folgendem Text sind verschiedene Wörter herauszufinden. Unterstreichen Sie in möglichst kurzer Zeit folgende Wörter: Adressatenkreis — Langeweile — Lehreinheit — Information — Teststufen — Lektion (in anderer Reihenfolge) und seien Sie dabei bemüht, den Text auch in seinem Inhalt zu verstehen.

Der Verhaltensforscher Skinner warf dem konventionellen Unterricht vor, daß dieser dem Schüler den Stoff in zu großen und schon deshalb unverdaulichen Portionen zuteile. Nach Skinners Meinung sollte eine Lehreinheit nicht mehr als 15 — höchstens 30 — Wörter umfassen, damit der Schüler den Stoff noch sicher aufnehmen kann. Dann müsse schon abgefragt werden, ob das Vermittelte verstanden wurde, indem man kleine, leicht lösbare Aufgaben stellt und es erlaubt, mit der angeführten richtigen Lösung zu vergleichen. Inzwischen ist man von den extrem kleinen Lernschritten vielfach abgewichen. Es bleibt die Forderung nach der verhältnismäßig geringen Lernstoffmenge (Information) pro Lerneinheit. Sie wird davon bestimmt, daß ihr Inhalt voll verständlich ist und damit der Behaltensprozeß eingeleitet wird. Kleine Lernstoffeinheiten vermeiden, daß der Lernende innerhalb der Lektion schon deren Anfang vergißt und am Ende der Lernzeit mit der Übungseinheit schon deren größten Teil nicht mehr kennt. Die Anzahl der zu verwendenden Wörter oder der erlaubten Informationen kann man nicht für alle anstehenden Darbietungen genau umreißen. Hier ist man noch auf zu sammelnde Erfahrungen und Teststufen bei der Programmgestaltung angewiesen. Den Umfang eines Lernschrittes bestimmt z. T. der grundsätzliche Schwierigkeitsgrad der Materie und die Schwierigkeit für den jeweiligen Adressatenkreis. Ursprünglich versuchte man in linearen Programmen, den Stoff so narrensicher zu zerstückeln, daß selbst der Schwächste ihn leicht verstehen mußte. Damit werden zu viele andere Lernende unterfordert, bei diesen tritt dann Langeweile und Desinteresse auf, wenn man sie nicht mit Zusatzaufgaben beschäftigt.

(Text aus: Programmierte Instruktion in der Wirtschaft, Verlag moderne Industrie.)

Benötigte Zeit: .... Minuten .... Sekunden.

16. Trainingseinheit

Beobachtungsübung 16

```
1234567890123456789012345678301234567890123456789o
1234567890123456789012345678901234567890123456789o
1234567890123456789012345678901234567890123456789o
1234567890123456789012345678901234567890123456789o
1234567890123456789012345678901234567890123856789o

0987654321098765432109876543210987654321098765 4321
0987654321098765432109876543210987654321098765 4321
0987654321098765432109876543210987654321098765 4321
0987654321098765432109876543210987654321098765 4321
0987654321098765432109876543210987654321098765 4321

13579135791357913279135791357913579135797357913579 13579
13579135791357913579135791357913579135791357913579
13579135791357913579135791357913579135791357913579
13579135791357913579135791357913579135791357913579
13573135791357913579135791357918579135791357913579

24680286802468024680246802468024680246802468052 4680
24680246802468024680246802468024680246802468024 680
24680246802468024687246802468024681246802468024 680
24680246802468024680246802468024680246802468024 680
24680246802468024680246802438024680246802468024686

0864297531086429723108642975310864297530086429753 1
0864297531086429753108642975310864297531086429753 1
0864197531086429753108642975810864297531086429453 1
0864297531086429753108642975310864297531086429753 1
0864297531686429753158642975310894297531086429753 1

abcdefghijklmnopqrstuvwxyzabcdefghijklmnopqrstuvwx
abcdefghijklmnopqrstuvwxyzabcdefghijklmnopqrstuvwx
abcdefghijklonopqrstuvwxyzapcdefghijklmnopqrstyvwx
abcdefghijklmnopqrstuvwxyzabcdefghijklmnopqrstuvwx
abcdefghijklmnopqretuvwxyzabcdefghijktmnopqrstuvwx
```

Ergebnis auf die Linien schreiben.

Übertrag auf Seite 136.

Blitzkartenübung 16

Noch einmal steigern wir den Schwierigkeitsgrad und bringen in den letzten Beobachtungsübungen jeweils 10 Zeichen pro Block.

19583	13524
85302	97586
85105	85173
38672	74106
64829	49106
58291	58392
01582	85257
95285	97579
14702	14542
26852	75357
58305	46464
82753	97868
10693	57395
79146	91467
07416	07421
25795	35780
26058	86763
27457	13245
48573	57464
96548	86479

Für jeden richtig erkannten Block 5 Punkte = ...

Ergebnis auf Seite 157 eintragen.

Zusammenfassungsübung 4

a) Wir haben es am eigenen Leibe erfahren, was es heißt, in Versorgungsschwierigkeiten zu geraten. Die ganz Alten erinnern sich an die Kohlrübenjahre des ersten Weltkrieges, die Älteren an »Entrahmte Frischmilch« auf Abschnitt X und manch Jüngerer an die Berliner Blockade. Man braucht aber nicht gleich an Katastrophen zu denken. Verschiedene Weltkrisen, Hamsterkäufe und Versorgungsengpässe mahnen zur Vorratshaltung. Vorratshaltung bewährt sich bei vielen Anlässen. Wenn jede Familie ihren sorgfältig durchdacht zusammengestellten Lebensmittelvorrat zu Hause hat, dann wird es den zuständigen Stellen leichter fallen, Versorgungsschwierigkeiten aus dem Wege zu räumen. Es ist deshalb durchaus keine Panikmache, wenn immer wieder einmal von amtlichen Dienststellen und Menschen, die sich darum ernste Gedanken machen, aufgefordert wird, sich einen Haushaltsvorrat anzulegen und die wichtigsten Lebensmittel bereitzustellen. Zwar wird in unserem komplizierten Wirtschaftsgefüge kaum ein Privathaushalt so viele Vorräte anlegen können, daß er auf lange Zeit unabhängig ist, doch lassen sich bei sinnvoller Planung mancherlei Engpässe überwinden.

b) Noch vor wenigen Jahren völlig unbekannt waren Kurse, die den Teilnehmern schnelleres und besseres Lesen beibringen sollten. Es kam dann eine Phase, da solche Kurse nicht für Ernst genommen wurden und man sich mit Witzworten wie »Lies schneller, Genosse« von ihnen distanzieren wollte. Unterdessen ist man jedoch zu der Überzeugung gekommen, daß es sich hierbei um brauchbare Verfahren handelt, zumal es nicht oder nicht nur um reines »Lesen« geht. Solche Kurse sind vielmehr ein geistiges Training, bei dem es um die Verarbeitung von Informationen geht. In diesem Fall zwar um die Verarbeitung schriftlich dargebotener Informationen, also Lesen im Sinne geistiger Arbeit. Da aber auch die geistigen Arbeiten des Hörens und jedweden anderen Aufnehmens und Verarbeitens von Informationen gleichen Gesetzen folgen, profitiert der Leseschüler auch dort. Ebenso ziehen Sprechende und Schreibende aus Lesekursen Gewinn für ihre Geistesarbeit.

Lösungsvorschläge auf Seite 143.

Gliederungsübung 4

A a) Frankieren ....
   b) Unterschreiben ....
   c) Text schreiben ....
   d) Antwort diktieren ....
   e) Schreiben kuvertieren ....
   f) Korrektur lesen ....
   g) Brief lesen ....
   h) Post abschicken ....

B a) Arbeit schreiben ....
   b) Aufgabe erhalten ....
   c) In Spannung sein ....
   d) Arbeit abgeben ....
   e) Verbesserung anfertigen ....
   f) Arbeit zurück erhalten ....
   g) Fehler erkennen ....
   h) Wieder gespannt auf Korrektur warten

C a) Haare trocknen ....
   b) Festiger aufsprühen ....
   c) Haare eindrehen ....
   d) Haare waschen ....
   e) Haare auskämmen ....
   f) Trockenhaube einstellen ....
   g) Haare schneiden ....
   h) Frisur richten ....

D a) Reinigung des Gußstückes ....
   b) Gießen / Gußstück herstellen ....
   c) Konstrukteur fertigt Modellzeichnung
   d) Gußstück geht zur Montage ....
   e) Former stellt Gußform her ....
   f) Gußstück wird spanabhebend bearbeitet
   g) Gießer entnimmt Gußstück der Form ....
   h) Schreiner fertigt Gußmodell ....

Lösungsvorschlag Seite 158. ....

Strukturübung 16

a) Niemand hat ihn je gesehen, aber alle behaupten, ihn zu besitzen: den Geist. Was ist Geist? Man könnte die Tätigkeit unseres Gehirns damit bezeichnen, aber dann wäre die Auslegung zu stark in Richtung Verstand festgelegt. Man verwendet den Begriff Geist ja auch in Verbindung mit Empfindungen, er hat also auch seine Wirkung auf Gefühle, auf Emotionen.

Wissenschaftler erklären Geist gelegentlich mit bewußter Denkfähigkeit. Es wird dann der Begriff nahezu gleichgesetzt mit der Fähigkeit zu urteilen, zu bewerten, zu kritisieren. Urteilen, wenn es nicht unsinnig oder oberflächlich sein soll, also dann »ohne Geist« geschieht, geht aber seinerseits parallel mit dem Verstehen. In anderer Anschauung wird Geist mit Erinnerung zu übersetzen versucht. Das will heißen, daß Geist darin besteht, Erfahrungen zu sammeln, zu speichern und auszuwerten. Es hat ihn noch niemand in reiner Form gesehen, immer ist Geist nur in seinen Aktivitäten am Individium zu erkennen. Daher nimmt es nicht wunder, daß in einer weiteren Betrachtungsweise der Geist dem Bewußtsein gleichgesetzt wird. Man erlebt ihn am eigenen Ich oder dem Wirken einer anderen Person. Immer aber scheint er an einen Körper gebunden. Wie bei so manchem anderen Bemühen um eindeutige Definitionen wird es wohl auch mit dem Geist sein: Er besteht aus all den erwähnten Komponenten und ihrem gemeinsamen Wirken.

b) Angst ist zu einem Phänomen geworden. Eigenartigerweise scheint eine gewisse Intelligenz notwendig zu sein, um Angst zu empfinden, obgleich mancherlei sich selbst suggerierte Ängste ausgesprochen dumm erscheinen. Der wirklich Dumme aber empfindet Angst nur in geringem Maße. Angst führt zur Nervosität und zu Körperschäden. Sie scheint ansteckend zu sein, mancher erliegt ihr durch Suggestion. Ein besonderes Problem der Angst ist das vielgenannte Minderwertigkeitsgefühl. Minderwertigkeitsgefühle machen Menschen unglücklich und führen zu einem ständigen Streben, die vermeintliche Minderwertigkeit auszugleichen, zu korrigieren. Minderwertigkeitsgefühle lassen oft Schwächen empfinden, die in der Tat nicht bestehen. Man meint nur unterlegen zu sein. Daß hier oft nur Einbildung herrscht, zeigt, daß die Betroffenen sich zu bewußter Überlegenheit auf anderen Gebieten hochzuarbeiten bemühen. Minderwertigkeitsgefühle können auch durch tatsächliche oder vermeintliche Krankheiten ausgelöst werden. Ein anderer Grund besteht darin, daß man tiefer steht oder sich als tieferstehend fühlt. Unterdrückung z. B. erzeugt Minderwertigkeitsgefühle.

Lösungsvorschläge auf Seiten 154/155.

Sonderübung 10

Wir geben Ihnen 12 Reihen mit unzusammenhängenden Wörtern. Lesen Sie jeweils eine Reihe — nur einmal — und versuchen Sie sie dann geschlossenen Auges auswendig wiederzugeben:

1.) Bleistift — Fahrrad — Onkel — Kuchen — Decke — Zeitung.
2.) Rasen — Transfer — Albatros — Gaucho — Banalität — Hufeisen — Telegraphenstange.
3.) Tür — Topas — Ameisenbär — Psychopath — Segelschiff — Ergebnis — Halbschuh.
4.) Körper — Entschuldigung — Samowar — Gartenbank — Opernarie — Gladiole — Beatnik — Gullydeckel.
5.) Vegetarier — Irrtum — Banause — Tumor — Imponderabilien — Abhängigkeit — Bildvorstellung — Kachelofen.
6.) Chirurg — Sublimierung — Überlegenheit — Pazifist — Originalität — Atlantis — Heuschrecke — Habitus.
7.) Stimme — Individuum — Anfang — Unzufriedenheit — Gruft — Philosoph — Haarbeutel — Kanalisation — Chronik.
8.) Notwendigkeit — Erbrecht — Tendenz — Ophthalmologe — Heizung — Pathetik — Genese — Garibaldi.
9.) Zielscheibe — Quelle — Vakanz — Epilepsie — Rollschuh — Manieren — Zylinder — Grundumsatz — Illustration.
10.) Gatte — Presse — Rosenmontag — Ursache — Fortschritt — Kontakt — Zerstörung — Öffentlichkeit — Fabel — Blasrohr.
11.) Gewicht — Supermarkt — Agonie — Kandidat — Chanson — Dolmetscher — Kriminalroman — Anstellung — Ordination.
12.) Hygiene — Knoten — Objekt — Charakter — Information — Intelligenz — Konflikt — Toupet — Annilinfarbe — Biochemie.

Keine Auswertung.
Doch sind solche Übungen, selbst zusammengestellt, ein gutes Gedächtnistraining.

Beobachtungsübung 17

```
123456789012345678907234567890123456789012345678 9o
123456789012345678901234567890123456789012345678 9o
1234547890123456789012345678901234567890123456789 o
123456789012345678901234567890123456789012345678 9o
123456789012345678901234567890123426789012345178 9o

o9876543270987654321598765432109876543210987654321
o9876543210987654321098765432109876543210987654321
o9876543210987654321098765482109876543210987654321
o9876543210987654321098765432109876543210987654321
o9876543210987654321098765432109876543216987654331

135791357913579135791357913579135791357913579 13579
135791357913579135791357913579135791357913579 13579
135791357913579135791357913579913879135791357913579
135791357913579135791357913579135791357913579 13579
135791357913579135791357913579135791357913579 13579
```

```
abcdefghijklmnopqrstevwxyzabcdefghijklmnopqrstuvwx
abcdefghijklmnopqrstuvwxyzabcdefghijklmnopqrstuvwx
abcdefgnijklmnooqrstuvwxyzapcdefghijflmnopqrshuvwx
abcdefghijklmnopqrstuvwxyzabcdefghijklmnopqrstuvwx
abcdefghijklmnopqrstuvwxynabcdefghijklmnorqrstuvwx
```

```
zyxwvutsrqponulkjihgfedcbazyxwvufsrqponmlkjihgfodc
zyxwvutsrqponmlkjihgfedcbazyxwvutsrqponmlkjihgfedc
zyxwvutsrqponmlkjihgtedcbazyxwvutsrqpenmlkjihgfedc
zyxwvutsrqponmlkjihgfedcbazyxwvutsrqponmlkjihgfedc
zynwvutsrqponmlkjihgfedcbäzyxwvutsrqponmlkjihgfedc
```

```
AZBYCXDWEVFUGNHSIRJQKPLOMNNMOLBKQJRISHTGUFVEWDXCYB
AZBYCXDWEVFUGTHSIRJQKPLOMNNMOLPKQJRISHTGUFVEWDXCYB
AZBYCXDWEVFUGTHSIRJQKALOMNNMOLPKQJRISHTGCFVEWDXCYB
AZBYCXDWEVFUGTHSIRJQKPLOMNNMOLPKQJRISHTGUFVEWDXCYB
AZBYCXDWEVFUGTHSIRJQKPLOMNNMOLPKQJBISHTGUFVEWCXCYB
```

Ergebnis auf die Linien schreiben.

Übertrag auf Seite 136.

41	14
805375	753680
92	14
74	49
693278	783269
49	47
44	83
528216	657381
83	49
30	44
965873	738596
18	30
77	70
526837	376852
70	17
88	15
672135	578263
25	51
67	13
357607	567349
98	80
94	77
985163	546895
94	43
50	87
528471	338095
47	61.
10	47
898132	858190
65	43

Für jeden richtig erfaßten Block 5 Punkte   = ...

Ergebnis auf Seite 157 eintragen.

Zusammenfassungsübung 5

a) Wer kennt ihn nicht, den Mann im Büro, der alles allein machen will. Meist ist es jener Typ von Vorgesetzten, die zu keinem Mitarbeiter rechtes Vertrauen haben. Diese Leute tun alles und kommen dabei nicht zu ihrer eigenen Arbeit. Es gibt aber in den Büros mit ihrer Routinearbeit wirklich Leute, die mehr können, als ihnen ihre tägliche Arbeit abverlangt. Sie richtig einzusetzen wäre eine lohnende Rationalisierungsaufgabe. Allgemein betrachtet, verlangt auch Büroarbeit, ganz im Gegensatz zur vielgeübten (aber unrationellen) Praxis, den Spezialisten an seinem Platz. Sind aber alle Plätze spezialisiert und es fällt dann jemand aus, so gerät unter Umständen die Arbeit aller ins Stocken. Hier wäre der Platz für den Allroundman. Wenn, wie gesagt, bei strenger Spezialisierung einige vielseitig Begabte auf Abruf gehalten werden wie die Fahrer in der Fahrbereitschaft oder die vielgerühmte Feuerwehr, so könnte auch der Spezialist beruhigt in Urlaub fahren. In Krankheitsfällen liefe nicht an einer Stelle die Arbeit an und käme an anderer in Rückstand. Es sollte auch nicht zu schwierig sein, Arbeiten zu finden, die in der Zwischenzeit von den Einspringern erledigt werden und auch für sie ein Aufstiegssystem vorzusehen. Schließlich gibt es auch auf höherer Ebene Spezialisten.

....

b) Bei allen »Modernisierungsbestrebungen«, Änderungswünschen gegenüber dem Althergebrachten und Ansätzen von Revolutionen im Alltagsbereich des Lebens, junge Leute schlafen heute noch genauso gern wie in alten Zeiten. Wenn keine Pflicht ruft oder Neigungen den morgendlichen Wecker überflüssig machen, dann liegt man noch genauso gern in den Federn wie weiland die Altvordern. Schlaf ist eine Notwendigkeit, ein Lebensbedürfnis. Was abends versäumt wird, muß notfalls morgens nachgeholt werden. Diese Zeit der Ruhe dient der Regenerierung der Körper und Geisteskräfte. Durch Ausschaltung des Bewußtseins und Erschlaffung der Körpermuskulatur wird das Zentralnervensystem erholt. Das Gehirn erhält Gelegenheit, den Stoffwechsel zu regulieren bzw. neue Reserven zu schaffen.

....

....

Lösungsvorschläge auf Seite 143.

Gliederungsübung 5

A a) Gerät auf Aufnahme stellen ....
   b) Überlegen, ob Gema-Gebühr entrichtet ist ....
   c) Tonbandgerät an Radio anschließen ....
   d) Zählwerk auf Null stellen ....
   e) Rundfunkprogramm durchsehen ....
   f) Musikstück aufnehmen ....
   g) Alle Funktionen überprüfen ....
   h) Tonspule auflegen ....
   i) Kontrolle, ob Aufnahme gelungen ....
   j) Interessante Titel auswählen ....

B a) Ausschnittsvergrößerung fertigen ....
   b) Ausschnitte aus Bildern wählen ....
   c) Film entnehmen ....
   d) Film entwickeln ....
   e) Film einlegen ....
   f) Abzüge fertigen lassen ....
   g) Belichtungszeit messen ....
   h) Aufnahmen machen ....
   i) Kamera öffnen ....
   j) Blende und Belichtungszeit einstellen ....

C a) Wagen aus Garage fahren ....
   b) Sich sorgfältig anschnallen ....
   c) Sich ans Steuer setzen ....
   d) Abfahren ....
   e) Garage aufschließen ....
   f) Aussteigen, Garagentor schließen ....
   g) Tageskilometerstand prüfen ....
   h) Wieder in Wagen setzen ....
   i) Wagen anlassen ....
   j) Autotür öffnen ....

Lösungsvorschläge auf Seite 158.

Strukturübung 17

a) Wohl alle wissenschaftlichen Disziplinen sind in den vergangenen eineinhalb Jahrhunderten einer gewaltigen Entwicklung unterworfen worden. Wohl kaum eine Lehre aber ist so allgemein bekannt geworden wie die Gedanken Darwins. 1859 veröffentlichte er sein grundlegendes Werk über den Ursprung der Arten. Darwin war nicht der einzige, der von einem Gesetz der natürlichen Auslese sprach. Seine Zeitgenossen Huxley und Wallace gingen ganz ähnliche Gedankenwege. Darwin war auf seine Ideen während langjähriger Reisen und sorgfältiger Beobachtungen gekommen. Er beeinflußte mit seinen Gedanken nicht nur die Biologie, sondern im gleichen Maße ebenso die Physik und die Chemie. In den folgenden Jahren wurde seine Lehre auch vielfach verfälscht und auf alle möglichen anderen Gebiete angewendet, für die sie von Darwin nicht im mindesten gemünzt war. Bedeutsam ist aber vor allem, daß seine Ausführungen zu einer Entwicklungslehre führten, die besonders auf den Menschen angewandt wurde. Wieweit die Gedanken Darwins bestätigt, erweitert oder auch korrigiert werden mußten oder konnten, es bleibt ihm der Verdienst, die Menschen auf den gesetzmäßigen Wandel, dem sie unterworfen sind, aufmerksamer gemacht zu haben.

b) Nicht erst in unseren Tagen ist häufig die Rede von denkenden Maschinen. Zwar scheint das Wort »Elektronengehirn« ein Kind unseres Zeitalters, es gelang jedoch schon um 1830 dem englischen Professor Babbage, eine sogenannte denkende Maschine zu konstruieren. Sie trug schon wesentliche Grundzüge heutiger Computer. Solche Denkmaschinen, die z. B. Schach zu spielen »verstanden«, hat man an vielen Teilen der Welt zu entwickeln versucht. Wenngleich solche Maschinen mitunter komplizierte Aufgaben zu lösen wußten (meistens Rechenoperationen), so ist es doch nicht richtig, von Gehirnen zu sprechen. Die Aufträge oder Programme, die eine Maschine verrichten bzw. verfolgen kann, sind sehr eng. So spielt eine auf Schach programmierte Maschine eben nur Schach. Ein Mensch kann breitere Aufträge ausführen, z. B. sich zwischen Schachzügen unterhalten, dem Partner etwas anbieten, Gedanken in andere Richtung schicken. Wesentlichstes Unterscheidungsmerkmal aber ist die Denkfunktion im Sinne des Verstandes und der Moral. So wie der Mensch denkt, gut oder schlecht (das sagte schon Shakespeare), sind für ihn die Dinge, mit denen er es zu tun hat.

Lösungsvorschläge auf Seite 155.

Sonderübung 11

In der linken Spalte finden Sie Begriffe (mit Ziffern gekennzeichnet), zu denen jeweils ein anderer in der rechten Spalte (mit Buchstaben gekennzeichnet) paßt. Ordnen Sie in kürzest möglicher Zeit die Paare zu einander (Zeit stoppen).

Schreiben Sie hinter die jeweilige Ziffer den richtigen Buchstaben:

Mann	1	....	Kranker	A
Milch	2	....	Kamera	B
Chauffeur	3	....	Auto	C
Kutscher	4	....	Beamter	D
Schnitzel	5	....	Borneo	E
Glühbirne	6	....	Lampe	F
Pinsel	7	....	Schraube	G
Tischler	8	....	Gabel	H
Film	9	....	Rufnummer	I
Gardine	10	....	Frau	J
Messer	11	....	Bauer	K
Meer	12	....	Landauer	L
Orang-Utan	13	....	Fenster	M
Gorilla	14	....	Park	N
Pipeline	15	....	Maler	O
Mutter	16	....	Öl	P
Deckel	17	....	Schwein	Q
Medizin	18	....	Schiff	R
Kanüle	19	....	Schüler	S
Vogel	20	....	Acker	T
Landmann	21	....	Kuh	U
Gärtner	22	....	Hobel	V
Lehrer	23	....	Spritze	W
Dienststelle	24	....	Topf	X
Telefon	25	....	Afrika	Y

Zahl der richtigen Paare: ....

Benötigte Zeit: .... Minuten .... Sekunden.

Lösungen auf Seite 160.

18. Trainingseinheit

Beobachtungsübung 18

```
1234567890123456789017345678901234567890123456789o
1234567890123456789012345678901234567890123456789o
1234567890123456789012345678901284567890128456789o
1234567890123456789012345678901234567890123456789o
1234567890723456789212345678901234567890123456789o

0987654321298765432109876543270987654321098765 4321
0987654321098765432109876543210987654321098765 4321
0987654321098765432189876543210987654321098165 4321
0987654321098765432109876543210987654321098765 4321
0987654321098765432109876543210937654321098765 4321

1357913579135791357913579135791357913579135791357913579
1357913579135791357913579135791357913579135791357913579
1357913579135791357913579135791357913579135791357913579
1357913579135791357913579135791357913579135791357913579
1357913579135791357913579185791357913 6791357913579

9753197531975319753197531975319753197531975319743197531
9753197531975319753197531975319753197531975319753197531
9753197531975319753197531117531975319753197531975319753197531
9753197531975319753197531975319753197531975319753197531
9753197538975319753197531975319753197531975319753197531

2468024682246802464025680246802468024680246802468o
2468024680246802468024680246802468024680246802468o
2468024680246802468024680246802418024680246802408o
2468024680246802468024680246802468024680246802468o
2468024380246802466024680246807468024680246892468o

o8642086420864208642086420864208642086420864208642
o8642086420864208642086420864208642086420864208642
o8642086420864208642086420864208642086420864208642
o8642086420864208642086420864208642086420864208642
o8642086420864208642086420864203642086420864708642
```

Ergebnis auf die Linien schreiben.

Übertrag auf Seite 136.

376	505
3757	9326
321	190
603	739
3717	4659
785	868
150	137
7404	1073
148	870
675	331
1808	2578
756	376
302	943
4924	3729
431	264
861	844
4859	6533
569	642
672	175
2876	8324
715	715
838.	437
4437	8536
154	903
398	354
5726	6872
290	501
589	358
5726	4237
290	681

Für jeden richtig erkannten Block 5 Punkte = ...

Ergebnis auf Seite 157 eintragen.

Zusammenfassungsübung 6

a) Die Geschichte der Menschheit ist reich an Beispielen der Grausamkeit. Was steckt hinter der Grausamkeit? Ist es der Spaß daran, andere zu quälen, ist es abartige Veranlagung? Es mag Derartiges geben. Wenn man aber sieht, daß in Kriegszeiten, ja nur in Zeiten unkriegerischer politischer Auseinandersetzungen, die Grausamkeit wie eine Seuche um sich greift, dann muß man nachdenklich werden. Bei einigem Überlegen wird man einsehen müssen, daß es fast immer Angst ist. Man hat Angst vor Ereignissen und anderen und versucht, sie durch grausame Handlungen zu überwinden. Vielleicht ist es ein Zuvorkommen wollen, dem anderen das zu tun, was man von ihm befürchtet. So nimmt es nicht wunder, daß, sehen wir von zweckbezogener Propaganda ab, die Greuelmeldungen in Kriegszeiten aus allen Lagern kommen. Wenn es die Menschheit erst einmal erkannt bzw. eingesehen hat, daß Furcht die Triebkraft für grausames Verhalten ist, vielleicht wird sich mit dem Gesinnungswandel dann nach und nach auch ein Verhaltenswandel einstellen. Vielleicht wird es in einer utopischen Zukunft weder Angst noch Grausamkeiten geben.

b) Wie stark Farbtönungen auf den Menschen einwirken, geht schon aus einer Reihe fast sprichwörtlich gewordener Redewendungen hervor. Man spricht von Schwarzsehern und finsteren Gedanken und davon, daß jemand alles grau in grau male. Ebenso heißt es aber auch, daß jemand himmelblaue Träume habe oder alles durch die rosarote Brille betrachte. Der Mensch sieht den Himmel blau, aber das ist eine Täuschung. Versetzt man eine Person in eine ganz in rosa getönte Umgebung, sie würde sich durchaus nicht darin wohl fühlen. Der Mensch sieht nicht nur Farben, sondern er empfindet sie vielmehr. So kann man ein Weiß empfinden, das in der ganzen gegenständlichen Welt keine Entsprechung hat. Auch Menschen, die farbenblind sind, ja selbst Blinde, haben Empfindungen für Farben. Es ist demnach nicht nur der Gesichtssinn, der die Farben der Welt aufnimmt. Wir fühlen Farben, wenn auch nicht in dem Maße wie jene Versuchspersonen, die verbundenen Auges jeden Gegenstand in seinem Farbwert bestimmen konnten.

Lösungsvorschläge auf Seite 143.

Gliederungsübung 6

A
  a) Wäsche schleudern ....
  b) Neues Wasser einlassen ....
  c) Vorwaschwasser einlassen ....
  d) Wäsche bügeln ....
  e) Hauptwaschwasser ablassen ....
  f) Wäsche in Waschmaschine ....
  g) Vorwaschen ....
  h) Waschpulver einfüllen ....
  i) Vorwaschwasser ablassen ....
  j) Hauptwaschvorgang ....
  k) Wäsche spülen ....
  l) Wäsche trocknen ....

B
  a) Bahnsteig betreten ....
  b) Zug abwarten ....
  c) Platz einnehmen ....
  d) Fahrplan studieren ....
  e) Wagenstandanzeiger studieren ....
  f) Abteil aufsuchen ....
  g) An Schalter treten ....
  h) Fahrpreis entrichten ....
  i) Auf Wagennummer achten ....
  j) Fahrkarte und Platzkarte verlangen ....
  k) In Höhe des Wagenhaltes begeben ....
  l) Zug aussuchen ....

C
  a) Für Film· entscheiden ....
  b) Platz einnehmen ....
  c) Durch Eingangskontrolle gehen ....
  d) Filmkritiken lesen ....
  e) Kino betreten ....
  f) Karten- und Platznumerierung vergleichen ....
  g) Kinoprogramm studieren ....
  h) Platzanweiserin folgen ....
  i) Karten telefonisch bestellen ....
  j) Platz aufsuchen ....
  k) Platzkarten abholen, bezahlen ....
  l) Zum Filmtheater begeben ....

Richtige Gliederungen: ....

Benötigte Zeit: .... Minuten .... Sekunden.

Auswertung auf Seite 158.

Strukturübung 18

Menschliche Konstruktionsleistungen lassen uns mancherlei Naturwunder nicht mehr so recht zu Bewußtsein kommen. Zum Beispiel kann der Zug der Vögel jedes Jahr als ein solches Wunder betrachtet werden. Im ewigen Wechsel verlassen uns die Vögel im Herbst und kommen im Frühjahr wieder. Interessant ist es zu wissen, daß die Zugvögel meist des Nachts wandern, während sie den Tag nutzen, um sich Futter zu beschaffen und neue Kräfte zu gewinnen. Forscher unterscheiden zwei Gruppen von Zugvögeln: solche, die durch das Wetter zu ihren Wanderungen veranlaßt werden und andere, die einem Instinkt folgen. Erstere bleiben in milden Wintern auch schon im Lande oder ziehen nur kurze Strecken. Sie ziehen nur, wenn die Temperaturen absinken und es ihnen an der Nahrung fehlt. Andere Vogelarten werden durch die Funktion von Hormondrüsen gesteuert, günstigere Lebensräume aufzusuchen, auch wenn das Wetter am Sommerwohnplatz noch keinerlei Anlaß dazu gibt. Amsel und Star bleiben oft hier, gehören also offensichtlich zu den vom Wetter gesteuerten Zugvögeln. Schwalbe und Rotschwänzchen hingegen, von denen in dem berühmten Kinderlied keine Rede ist, folgen ihren Instinkten in den Süden. Auf ihren Wanderungen überfliegen die Zugvögel Gebirge und Meere und legen in verhältnismäßig kurzer Zeit lange Strecken zurück. So hat man z. B. bestimmten Schnepfenarten Wanderwege bis zu 12 000 km Länge nachgewiesen. Eine im Sommer in Alaska lebende Regenpfeifferart soll in durchgehendem Flug die Strecke bis Hawaii zurücklegen. Lange bevor die Menschen die Kunst des Segelfliegens beherrschten, wußten Zugvögel schon die Aufwinde zu nutzen. Sie steuern Berge an, weil dort die Aufwinde mitunter besonders günstig wehen und lassen sich so hoch tragen, daß sie später längere Strecken ohne Muskelbewegung, also im Segelflug hinter sich bringen können. Noch ein weiteres Phänomen stellten die Forscher fest und nennen es Resonanzflug. Hierunter versteht man, daß die voranfliegenden Vögel die Luft in bestimmte Schwingungen versetzen und die nachfolgenden von den entstandenen Luftwellen besser getragen werden. Es lohnt sich auch, über das Geschehen in der Natur wieder einmal nachzudenken. So manches Wunder der Technik, vor dem wir ehrfürchtig staunen, ist in der Natur schon seit alters her vollbracht.

Lösungsvorschlag auf Seite 156.

Sonderübung 12

Streichen Sie in möglichst kurzer Zeit aus jeder Begriffsreihe den oder die Begriff(e) heraus, die nicht hineinpassen (Zeit messen):

1.) Hühner, Enten, Puten, Fasane, Gänse.
2.) Giraffen, Löwen, Strauße, Tiger, Zebras, Gnus, Hyänen.
3.) Pfannen, Töpfe, Schüsseln, Tassen, Messer, Eimer, Bottiche.
4.) Motorrad, Straßenbahn, Auto, Fahrrad, Omnibus, Eisenbahn, Pferdewagen.
5.) Äpfel, Birnen, Pflaumen, Apfelsinen, Mandarinen, Kirschen, Erdbeeren, Heidelbeeren.
6.) Eisen, Blei, Aluminium, Gold, Messing, Kupfer, Zinn, Bronze.
7.) Eiche, Esche, Ulme, Lärche, Platane, Kastanie, Fichte, Weide.
8.) Rose, Tulpe, Nelke, Margerite, Kamille, Dahlie, Kornblume, Aster, Goldlack.
9.) Oper, Operette, Tanz, Kabarett, Film, Revue, Bar, Zirkus, Show.
10.) Zeitungen, Zeitschriften, Prospekte, Bilder, Broschüren, Bücher, Gesetzblätter, Kataloge, Karikaturen, Briefe.
11.) Hammer, Nägel, Zange, Säge, Schraubenzieher, Schrauben, Meißel, Bohrmaschine, Bohrer, Hobel.
12.) Hütte, Haus, Villa, Saal, Palast, Schloß, Kate, Arkaden, Wolkenkratzer, Bungalow.
13.) Schokolade, Pralinen, Bonbons, Studentenfutter, Kaugummi, Kekse, Lakritze, Johannisbrot, Pfefferkuchen, Marzipan.
14.) Skat, Schwarzer Peter, Quartett, Mühle, Schafskopf, Dame, Rommé, Kanaster, Halma, Doppelkopf, 17 + 4, Mauscheln.
15.) Finnland, Holland, Spanien, Lettland, Norwegen, Portugal, Serbien, Polen, Frankreich, Dänemark, Schweiz, Italien.
16.) Diamant, Rubin, Opal, Smaragd, Brillant, Aquamarin, Bernstein, Topas, Turmalin, Lapislazuli, Tansanit, Koralle.
17.) Borneo, Sumatra, Grönland, Madeira, Jütland, Teneriffa, Neufundland, Cornwall, Labrador, Kreta, Sardinien, Korsika.
18.) Pikkolo, Oboe, Klarinette, Fagott, Violine, Klavier, Saxophon, Horn, Trompete, Posaune, Cello, Tuba.

Benötigte Zeit: .... Minuten .... Sekunden.

Zahl der Reihen, in denen alle Abweichungen gefunden wurden: ....

Übertrag und Auswertung Seite 160.

Wir kommen nun zu unserer Schlußmessung. Wieder geht es um gutes Verstehen, Behalten, Beobachten und Entscheiden.
Der Text entspricht in Umfang und Schwierigkeitsgrad dem der Anfangsmessung. Nehmen Sie wiederum Ihre Uhr zur Hand und notieren Sie die Zeit des Lesebeginns:

Meßtext* zu bearbeiten begonnen: .... h .... min.

Kommunikationstechnik II

Der Redner oder Sprecher

Zwischen Festrednern, Vortragsreferenten, Diskussionsrednern, Anweisenden, Sprechern am Telefon gibt es in der Hauptsache graduelle Unterschiede. Von der Kommunikationstechnik her gelten für alle gleiche Grundsätze. Zwar wird man unterschiedlich okzentuieren — ab und zu ist man auch einer Regel enthoben, wie etwa der Forderung nach lebensvoller Mimik am Telefon —, doch bleibt es im allgemeinen bei den Regeln. Wie gleich Noten unterschiedlich intoniert werden können, auch die Rhetorik eine Intonation kennt, so sind alle rhetorischen Mittel in Umfang und Stärke variabel. Nur wer alle gut beherrscht, spricht oder redet wirksam, äußert seine Gedanken sprecherisch so, daß sie beim Hörer ankommen. Folgende Punkte sollten alle Redenden beachten:
1. Nur wer mit gemäßigtem Tempo spricht, ist (akustisch-phonetisch) gut zu verstehen. Die größte Zahl aller Redner und fast alle Gesprächsteilnehmer sprechen zu schnell. Sprich langsam! heißt ein Gebot für jeden, der Gedanken mündlich an den Man bringen will. Man übt es recht gut durch lautes Vorlesen mit Stoppuhrkontrolle.
Das angemessene Tempo sind 80 bis 100 Wörter in der Minute.
2. Angemessene Lautstärke ist bedeutsam. Während die meisten Redner am Pult viel zu leise sprechen (man kann sich nicht immer auf die Mikrofonanlage verlassen, sondern muß gelegentlich ohne Verstärker bis zur letzten Reihe verständlich sein), sind Sprecher am Telefon im allgemeinen zu laut. Notwendige Lautstärke wird nicht durch Brüllen erzeugt, sondern kommt die durch Betonung der mit weit geöffnetem Mund zu sprechenden Vokale zustande. Luther sagte: »Tritt frisch auf, mach's Maul auf, hör bald auf!« Übrigens, schreien und brüllen schädigt die Kehlkopf- und Halsmuskulatur und führt zunächst zu Heiserkeit und später zu ernsteren Schäden. Lautes Sprechen mit zweckmäßiger Atmung ist auch über längere Zeit-

räume weder schädlich noch anstrengend. Hier kann ebenfalls lautes Vorlesen als Übungsmittel gelten.

3. Deutlich sprechen! Man erreicht es, indem man die Lippen betont bewegt, und sich müht, gut zu artikulieren. Der Sprechende stelle sich vor, ein Gehörloser sollte ihm die Worte von den Lippen ablesen. An den Lippen muß wirklich was zu sehen sein. Akzentuieren übt sich am besten an »dramatischen« Balladen, wie sie noch aus der Schulzeit in Erinnerung haften. Retorische Übungen wirken leicht lächerlich. Das spricht nicht gegen ihren Nutzen und darf nicht davon abhalten, solche Übungen zu vollziehen.

4. Gut verteilte Pausen helfen, Wortlaut und Sinn der Rede besser zu verstehen. Nicht nur, daß sie dem Sprechenden Gelegenheit geben, Luft zu holen und neue Gedanken vorzuformulieren; auch der Hörer hat Zeit, über das Gehörte nachzudenken, und erhält Gelegenheit, etwas zu verstehen und sich einzuprägen. Pausenlos sprechende Menschen wirken strapazierend. Die rhetorische Pause ist eines der wichtigsten und wertvollsten Mittel der Kommunikationstechniken. Sinngemäß gilt sie (typographisch sichtbar gemacht) sogar für das Schreiben und das Lesen. »Zwinge dich zu betonten Pausen!« sollte man jedem mit auf den Weg geben. Schauspiel- oder Zweigesprächstexte laut vorlesen wäre das zugehörige Übungsmittel, wenn man nicht — was für alle aufgeführten Punkte gilt — doch mal an einem längeren Rednerkursus teilnimmt.

5. In jeder Gesprächs- oder Redesituation, mit Ausnahme des Telefonierens (solange noch kein Fernsehschirm mit dem Apparat verbunden ist), ist es unumgänglich, dem Partner ins Auge zu sehen. Nicht nur, daß es unhöflich wäre, mit jemandem zu reden, ohne ihn anzuschauen: nur über den Augenkontakt kann man seiner Worte Wirkung laufend verfolgen und kontrollieren. Selbst der Hörer unter hundert oder tausend Gleichgesinnten eines öffentlichen Vortrages will das Gefühl haben, daß der Redner ihn meint — mit oder zu ihm spricht. Deshalb verbieten sich umfangreiche Manuskripte von vornherein. Sieh deinen Partner an, stelle dich dem Blick des Publikums! Das kann man nur in der Praxis üben.

6. Ein Gesicht wird nur ausdrucksvoll mit lebendiger Mimik. Von Rednern, die mit unbewegtem Gesicht sprechen, hat der Hörer nicht das Gefühl, angesprochen zu sein. Besonders vor größerer Hörerschaft bedarf es einer Pflege ausdrucksvoller Mimik. Dazu der Rat: Laß deine Anteilnahme am Thema sich im Gesichtsausdruck widerspiegeln! Zur Übung hilft wahrscheinlich nur der Rednerkursus, weil selbst eingeübte Miemik meist lächerlich wirkt.

7. Sinngemäß gilt für Gestik gleiches wie für Mimik. Mittel- und Nordeuropäern liegt die temperamentvolle Gestik der Südländer nicht; völlig steif dazustehen langweilt aber die Hörer, schläfert sie ein. Treffende Gestik erst macht die Rede lebendig und wirkungsvoll.

8. Eine Kombination der Punkte 2/4/6/7 und gradueller Wechsel der einzelnen Mittel setzt Höhepunkte. Einsatz aller kennzeichnet den guten Redner. Lautstärke, Pausen unterschiedlicher Länge, Mimik und Gestik, gezielt an Stellen gesetzt, die besondere Absichten unterstreichen, bringt Leben in das gesprochene Wort und trägt wesentlich dazu bei, daß die Gedanken beim Hörer ankommen.

9. Für alle Rede- und Gesprächssituationen, in denen der Sprechende stehen muß oder stehen sollte, spielt auch die Haltung eine Rolle. Sieht man, wie verkrampft sich viele Redner ans Pult klammern, so fallen schon all jene, die aufrecht und locker dastehen, die Hände weder in den Taschen noch hinter dem Rücken halten, angenehm auf. Von der aufrechten und ruhigen Haltung des Redners schließt der Hörer bewußt und unbewußt auf die innere Haltung des Sprechenden. Überzeugen kann nur der recht, der bei allem Temperament Ruhe und sicherheit ausstrahlt. Steh aufrecht, locker und fest auf beiden Beinen (so, daß das Körpergewicht auf sie verteilt ist — aber nicht breitbeinig), sei dem Redner geraten.

10. Sprechen ist, wie Singen, tönendes Ausatmen. Der Atmung kommt große Bedeutung zu. Atmung stellt nicht nur die benötigte Luft zum Sprechen zur Verfügung, sondern baut auch innerliche Unruhe ab.
Es gibt eine Fülle von Atemübungen. Grundsätzlich heißt es, ruhig und tief voll durchatmen, und nicht eher ausatmen, als gesprochen wird. Zu frühes Ausströmen der Atemluft bringt die bekannten ääh- und ööh-Laute, die die besten Gedanken stören und die ganze Rede lächerlich oder Verkrampft wirken lassen.

11. Mit der Forderung, ein einwandfreies Deutsch zu sprechen, zeigt sich wieder deutlich, daß die verschiedenen Kommunikationstechniken eng verbunden sind. Wer nicht das Deutsche beherrscht, wird auch beim Lesen und Hören Schwierigkeiten haben.

12. Einwandfreies Duetsch und schlechter Stil sind auch kein gutes Paar, wenngleich sie oft miteinander gehen. So gehört dazu, daß man sich wirkungsvoll äußert (was für den Schreibenden noch mehr gilt, weil man ihm seine Mängel »unter die Nase halten kann«), auch daß man die wichtigsten Stilregeln beherrscht.

———————————

Endes des Meßtextes * (Rund 1000 Wörter).   Schauen Sie auf die Uhr.
Wieviel Zeit brauchten Sie, um den Text zu bearbeiten?

.... Min. .... Sek.

———————————

* Der Originalartikel in der Management-Enzyklopädie bespricht nach den rhetorischen Techniken noch die Kommunikationstechniken der Schreiber, Leser und Hörer.

Entnehmen Sie Ihre Lese- bzw. Arbeitsgeschwindigkeit aus der folgenden Tabelle (Zwischenwerte abschätzen):

Arbeits-Zeit	Wörter pro Min.	Arbeits-Zeit	Wörter pro Min.	Arbeits-Zeit	Wörter pro Min.
1 min 00 sek	1000	3 min 10 sek	315	7 min 00 sek	146
1 min 10 sek	866	3 min 20 sek	300	8 min 00sek	125
1 min 20 sek	750	3 min 30 sek	286	9 min 00sek	110
1 min 30 sek	670	3 min 40 sek	273	10 min 00 sek	100
1 min 40 sek	600	3 min 50 sek	260	12 min 00 sek	84
1 min 50 sek	540	4 min 00 sek	250	14 min 00 sek	73
2 min 00 sek	500	4 min 20 sek	230	17 min 00 sek	60
2 min 10 sek	460	4 min 40 sek	214	20 min 00 sek	50
2 min 20 sek	430	5 min 00 sek	200	25 min 00 sek	40
2 min 30 sek	400	6 min 20 sek	188	30 min 00 sek	33
2 min 40 sek	375	5 min 40 sek	177	40 min 00 sek	25
2 min 50 sek	353	6 min 00 sek	167	50 min 00 sek	20
3 min 00 sek	333	6 min 30 sek	154	60 min 00 sek	17

Bewertung des Inhaltsverständnisses

Notieren Sie die Hauptaussagen / Hauptgedanken zunächst in Stichworten:

....

....

....

Bilden Sie nun mit den Stichwörtern eine Formulierung in möglichst wenigen, kurzen Sätzen, die den Inhalt grob umreißt:

....

....

....

....

(Notfalls auf Sonderzettel weiterschreiben.)

Schauen Sie im Lösungsteil auf Seiten 132/133 nach,

wieviel Verständnispunkte Sie erreichten: ....

Übertragen Sie das Ergebnis auf Seite 129.

Bewertung des Behaltens von Einzelheiten

Beantworten Sie schriftlich — auf einem Sonderzettel — folgende Fragen:

1) Welcher Art sind die Unterschiede zwischen verschiedenen Rednern?
2) Wer redet wirksam?
3) Wie lautet der erste Rat, der Rednern gegeben wurde?
4) Was versteht man unter angemessenem Redetempo?
5) Welcher zweite Punkt wurde für bedeutsam gefunden?
6) Wie verhalten sich die meisten Redner in dieser Beziehung?
7) Der Text verlangte unter Punkt 3 vom guten Redner:
8) Wie kann man dieser Forderung nachkommen?
9) Was hilft, Wortlaut und Redesinn besser zu verstehen? (4.)
10) Wozu gibt dieses Mittel außerdem Gelegenheit?
11) Was bedeutet es für die Hörer?
12) Was ist (lt. Punkt 5) bei Rede und Gespräch unumgänglich?
13) Was erreicht der Redner mit dem Einsatz dieses Mittels?
14) Wann wird ein Gesicht ausdrucksvoll? (Punkt 6)
15) Welcher Rat wird in dem Zusammenhang gegeben?
16) Wodurch wird erst eine Rede lebendig? (7.)
17) Wie kann der Redner Höhepunkte setzen? (8.)
18) Wozu wird das dann beitragen?
19) Wodurch fallen viele Redner in der Öffentlichkeit auf? (Punkt 9)
20) Welcher Rat wird hierzu gegeben?
21) Was ist Sprechen (wie wurde es unter Punkt 10 gesehen)?
22) Was hat deshalb besondere Bedeutung?
23) Was wird verlangt (bzw. als Rat gegeben)?
24) Was wird vom Redner unter Punkt 11 verlangt?
25) ... und was zuletzt (Punkt 12)?

Für jede richtige Antwort (s. Lösungsteil Seiten 133/134)
schreiben Sie sich 4 Punkte zu = erreichte Behaltenspunkte ....

Übertrag auf Seite 129.

Bewertung der Beobachtungsgenauigkeit

Welche Druckfehler haben Sie gefunden und angestrichen (Sie können jetzt nochmals nachsehen, aber keine weiteren mehr anstreichen bzw. mitwerten):

1. ....

2. ....

3. ....

4. ....

5. ....

6. ....

7. ....

8. ....

9. ....

10. ....

Für jeden bei der Arbeit gefundenen Druckfehler (Lösung siehe Seite 134) schreiben Sie sich nun

10 Beobachtungspunkte zu: ....   Übertrag auf Seite 129.

Bewertung der Verarbeitungsentscheidungen

Wenn Sie wollen, so notieren Sie nun noch, zu welchen Einstellungen, Handlungen, Entscheidungen Sie der Text bewegt hat:

....

....

....

....

....

....

....

Für jede Übereinstimmung 20 Punkte (Lösung Seite 128) = ...
Übertrag auf Seite 129.

Vergleich der Anfangs- und Schlußmessung = Gewinn aus dem Training.

	erreichte Verständnis-Punkte	erreichte Behaltens-Punkte	Beobachtungs-Genauigkeits-Punkte	Entscheidungs-Punkte
Anfang	....	....	....	....
Schluß	....	....	....	....
Gesamt-Punktzahl	....	....		
	Anfang	Schluß		

Wir hoffen, Sie sind mit Ihren Leistungen zufrieden. So hoch aber Ihr Gewinn hier auch sein mag, das Wichtigste bleibt, in der Praxis geistig fit zu bleiben.

Viele unserer Übungen lassen sich ohne großen Müheaufwand fortsetzen. Vielleicht sehen Sie auch Möglichkeiten, Übung und Arbeit zu verquicken und so doppelten Gewinn zu haben.

Verlag und Verfasser wünschen Ihnen weiterhin viel Erfolg.

Lösungen zur Anfangsmessung

(Meßtext Seiten 8 bis 11)

Verständnis (s. Seiten 11/13)

a) Hauptgedanken / Stichwörter:

> Kommunikation (Technik)
> Verhalten (der Beteiligten)
> Rationalisierungsaufgabe
> Gewinn (für alle Beteiligten)
> Schulung nötig
> Transfer (Nebengewinne)
> Begrenzte Informationsmenge
> Zu viele Worte
> Was mitteilen?
> Was nicht?

Für jedes der angeführten Stichwörter in Ihren Notizen schreiben Sie sich 5 Punkte zu. Sinnverwandte (aussagemäßig richtig gebrauchte) Stichwörter dürfen voll mitgezählt werden.

Erreichte Punktzahl bis hier: ....

b) Inhaltszusammenfassung:

> Wirksame Kommunikationstechnik basiert auf rationellem Verhalten aller Beteiligten. Durch Schulung erzieltes Verhalten bringt Gewinne für alle. Vor allem ist es wichtig, Informationsmenge und Darbietungsform sowie die Zahl notwendig zu verwendender Wörter aufeinander abzustimmen.

Wenn Sie diese Aussage in ihrem Sinngehalt getroffen haben, dürfen Sie sich weitere 50 Punkte zuschreiben. Selbstverständlich dürfen Sie sich bei Ihrer Aussage anderer Wörter und Sätze bedienen. Aber der Inhalt muß stimmen, sonst können Sie diese Punkte nicht erhalten. Bei nur teilweisem Treffen der Aussage müßten Sie (streng gegen sich selbst) von den 50 Punkten nach eigenem Ermessen Abstriche vornehmen.

Weitere Punktzahl: ....   Punktzahl aus a und b: ....
(auf Seiten 12 und 14 übertragen)

Behalten (S. 12/13) für jede sinngemäß richtige Antwort 4 Punkte

1) Austausch von Mitteilungen
2) Zweckmäßige, wirtschaftliche Beherrschung der Mittel
3) Einsatz vernunftsgemäßer Verfahren
4) Als Technisierung, Automatisierung
5) Beim Austausch von Gedanken vernunftsgemäß handeln
6) Sprecher — Hörer — Schreiber — Leser
7) Gemeinsamkeit verschiedener Regeln
8) Transfereffekte
9) Leseschüler lernt sprechen und schreiben;
   Rhetorikschüler lernt hören
10) Daß Kommunikationstechnik geschult werden muß
11) Gewinne bei Konzentration, Beobachtung, Gedächtnis
12) Sie werden zum Bestandteil der Managementausbildung
13) Solche Maßnahmen sollten auch auf die Schule ausgedehnt werden
14) Informationsmenge ist in richtige Einheiten einzuteilen
15) Gesamtinformationsmenge begrenzen
16) Unterscheiden zwischen Mitteilungsform und Mitteilungsinhalt
17) Dadurch, daß zuviel Überflüssiges mitgeteilt wird
18) 1.: Wieviel weiß der Informand schon?
19) 2.: Wieviel muß er wissen?
20) 3.: Was sollte ich weglassen?
21) Inhaltsmenge, Zeit- und Arbeitsaufwand für alle
22) 1.: Was von dem Dargebotenen weiß ich schon?
23) 2.: Was von dem Übermittelten muß ich wissen?
24) 3.: Wie lange muß ich es wissen?
25) 4.: Wieviel vom Dargebotenen brauche ich nicht zu wissen?

Erreichte Punktzahl: .... (auf Seiten 13 und 14 übertragen).

Beobachtungsgenauigkeit (Druckfehler)

1.: tauchen (statt richtig: tauschen)	Seite 8	Zeile 11
2.: giestige (statt richtig: geistige)	Seite 8	Zeile 25
3.: Hären (statt richtig: Hören)	Seite 9	Zeile 5
4.: schneler (statt richtig: schneller)	Seite 9	Zeile 18
5.: Kroise (statt richtig: Kreise)	Seite 9	Zeile 22
3.: Ainheiten (statt richtig: Einheiten)	Seite 9	Zeile 30
7.: Zeil (statt richtig: Ziel)	Seite 10	Zeile 2

8.: gefahr (statt richtig: Gefahr)	Seite 10 Zeile 15
9.: Wessen (statt richtig: Wissen)	Seite 10 Zeile 31
10.: Umfung (statt richtig: Umfang)	Seite 10 Zeile 40

Für jeden Druckfehler, den Sie beim ersten Bearbeiten
des Textes fanden, können Sie sich 10 Punkte zuschreiben = ...
(Auf Seiten 15 und 16 übertragen.)

Verarbeitungs- bzw. Anwendungsentscheidungen

Hierfür sollten Sie sich entschieden haben:

a) Kommunikationstechniken künftig als einen zu rationalisierenden Prozeß des Austausches von Informationen anzusehen.

b) Selbst dazu beitragen, daß Sie sowohl als Sprecher wie als Hörer, als Schreiber wie als Leser zu der notwendigen Rationalisierung beitragen müssen.

c) An Kursen oder sonstigen Lernmaßnahmen, die die Rationalisierung bewirken, teilzunehmen.
Oder
die schon praktizierten Maßnahmen weiter zu verstärken.

d) Ihren Beitrag dazu zu leisten, daß nicht unnötig viele Wörter gemacht werden. Nur das mitzuteilen, was des Mitteilens wert ist.

e) Sich sorgfältig Gedanken zu machen, bevor Sie sprechen oder schreiben und ebenso sorgfältig mitzudenken, wenn Sie lesen oder hören.

Für jede richtige Entscheidung im Sinne der Punkte a bis e
dürfen Sie sich nochmals 20 Punkte zuschreiben = ... Punkte.
(Auf Seite 14 übertragen)

Lösungen zur Schlußmessung

Meßtext Seiten 123 bis 125

Verständnis (s. Seite 126)

a) Hauptgedanken / Stichwörter:

       Redner und Sprecher
       Rhetorische Grundsätze
       Gedanken wirksam äußern
       Ruhig bleiben
       Akustisch-phonetisch verständlich sprechen

Rhetorische Ratschläge beachten
Sich in der Rhetorik üben
Lebendig sprechen
Auf den Hörer wirken
Übungen durchführen

Für jedes Stichwort, welches Sie getroffen
haben (es gelten wieder alle sinnverwandten
Aussagen), schreiben Sie sich 5 Punkte zu = ...

b) Inhaltszusammenfassung:

Um seinen Worten Wirkung zu verschaffen, sollte der Redner eine Reihe
von Grundregeln beachten.
Es kommt besonders darauf an, sich in rhetorischen Techniken so lange
zu üben, bis man ruhig und lebendig seine Gedanken verständlich vor-
tragen kann.
Einsatz und Kombination verschiedener Mittel wurden im einzelnen
besprochen (s. Behaltensmessung).

Haben Sie den Sinngehalt dieser Aussage getroffen, dann schreiben Sie sich
weitere 50 Punkte zu.
Achten Sie bei der Selbstbewertung nicht so sehr auf Ihre Worte als darauf,
daß Sie den Inhalt richtig wiedergaben. Wenn nicht, so machen Sie Abstriche
nach eigenem Ermessen.

Punktzahl aus b) ....

Punktzahl a + b .... Übertragen Sie das Ergebnis auf die Seiten 129 und 130.

Behalten (Seite 127)

Für jede sinngemäß richtige Antwort 4 Punkte:

1) Nur gradueller Art
2) Wer die rhetorischen Mittel gut beherrscht
3) Sprich langsam!
4) Sprechgeschwindigkeiten von 80 bis 100 Wörtern pro Minute
5) Die Lautstärke
6) Sie sprechen zu leise
7) daß er deutlich akzentuiert

8) Indem man die Lippen betont bewegt
9) Gut verteilte Pausen
10) Luft holen und neue Gedanken vorzuformulieren
11) Sie können über die Ausführungen nachdenken
12) Dem Partner in die Augen zu sehen
13) Daß er seiner Worte Wirkung verfolgen und kontrollieren kann
14) Wenn Mimik eingesetzt wird
15) Die Anteilnahme am Thema soll sich im Gesicht widerspiegeln
16) Durch den Einsatz treffender Gestik
17) Indem er die vorgenannten Mittel kombiniert und graduell variiert
18) Daß die Gedanken beim Hörer ankommen
19) Durch verkrampfte, unruhige Haltung
20) Aufrecht, fest, doch locker auf beiden Beinen zu stehen
21) Tönendes Ausatmen
22) Die Atmung des Redners
23) Ruhig, tief und voll durchzuatmen und nicht zu früh auszuatmen
24) Ein einwandfreies Deutsch zu sprechen
25) Die wichtigsten Stilregeln zu beherrschen

Erreichte Punktzahl: .... (auf die Seiten 131 und 129 übertragen).

Beobachtungsgenauigkeit (Druckfehler)

1.: okzentuieren (statt richtig: akzentuieren)	Seite 123 Zeile 13
2.: Man (statt richtig: Mann)	Seite 123 Zeile 24
3.: die durch (statt richtig: durch die)	Seite 123 Zeile 32
4.: Retorische (statt richtig: Rhetorische)	Seite 124 Zeile 8
5.: Zweigespräch (statt richtig: Zwiegespräch)	Seite 124 Zeile 18
6.: öben (statt richtig: üben)	Seite 124 Zeile 31
7.: Miemik (statt richtig: Mimik)	Seite 124 Zeile 37
8.: sicherheit (statt richtig: Sicherheit)	Seite 125 Zeile 14
9.: Verkrampft (statt richtig: verkrampft)	Seite 125 Zeile 23
10.: Duetsch (statt richtig: Deutsch)	Seite 125 Zeile 29

Schreiben Sie sich für jeden, bei der ersten
Durcharbeit gefundenen, Druckfehler 10 Punkte zu = ...
(Auf Seiten 128 und 129 übertragen)

Verarbeitungs- und Anwendungsentscheidungen

Hierfür sollten Sie sich entschieden haben:

a) Beherrschung rhetorischer Techniken als notwendig für den Redner-
erfolg anzusehen.
b) Sich in den rhetorischen Techniken zu üben (ggf. einen Rednerkursus
zu besuchen), bis sie zu Fertigkeiten werden.
c) Künftig in eigenen Gesprächen und Reden darauf zu achten, daß Sie
lebendig sprechen.
d) In Reden und Gesprächen darauf zu achten, daß der Kontakt mit dem
Hörer/Partner nicht abreißt, im Gegenteil ständig gefestigt wird.
e) In Reden und Gesprächen darauf zu achten, wie Ihre Worte ankommen,
und, wenn nötig, durch Einsatz rhetorischer Mitel Korrekturen vorzunehmen.

Für jede (wie auch immer in Worten ausgedrückte) Entscheidung im Sinne
a bis e schreiben Sie sich bitte 20 Punkte zu: ....

.... Punkte (auf Seiten 128 und 129 übertragen)

Lösungen und Kontrolliste zu den Beobachtungsübungen

Lösungen

Kontrolle
übersehene
Abweichgn.
insgesamt

Beob.-Übung		
1:	6/8/7/3/6/2	....
2:	2/4/6/2/5/8/1/3/3/5/4/3	....
3:	3/7/4/6/5/3/0/5/2/1/4/3	....
4:	4/3/2/6/8/5/3/4/4/1/3/2	....
5:	3/6/4/5/3/4/3/2/5/2/4/5	....
6:	1/7/6/2/5/1/6/4/0/3/2/7	....
7:	5/4/2/1/0/3/6/3	....
8:	1/0/5/2/6/2/3/2	....
9:	6/4/2/1/5/5/1/6	....
10:	2/5/0/3/4/2/6/1	....
11:	3/3/1/4/0/6/4/2	....
12:	2/6/4/2/4/1/5/3	....
13:	4/1/5/8/9/5	....
14:	3/8/4/7/2/5	....
15:	6/4/5/7/9/2	....
16:	2/0/4/6/8/5	....
17:	4/6/1/8/7/6	....
18:	5/5/2/3/9/2	....

Kontrolliste zu den Synonymübungen

Zahl der gefundenen Synonyme:

Synonymübung 1: ....   Synonymübung 4: ....

Synonymübung 2: ....   Synonymübung 5: ....

Synonymübung 3: ....   Synonymübung 6: ....

Lösungen und Auswertungen zu den Wertungs- und Ordnungsübungen

Die meisten der aufgeführten Reihen können auch in der umgekehrten Folge aufgezählt werden. Selbstverständlich gilt das dann in Ihrer Auswertung als richtig.

Berechnen Sie Ihre Punktzahl so:

Multiplizieren Sie die Zahl der richtigen Ordnungen mit einem der folgenden Werte, entsprechend der von Ihnen gebrauchten Übungszeit:

Übungszeit bis zu 2 Min.	= 10
Übungszeit über 2 Min. bis zu 3 Min.	= 6
Übungszeit über 3 Min. bis zu 4 Min.	= 4
Übungszeit über 4 Min. bis zu 5 Min.	= 2
Übungszeit über 5 Min.	= 1

Beispiel:

10 richtig geordnete Reihen in 3 Minuten = 10 x 6 = 60 Punkte.

Wertungs- und Ordnungsübung 1

a) 4/1/3/5/2 (Buchentstehung)
b) 1/3/5/4/2 (Helligkeitswerte)
c) 1/3/5/2/4 (Regenbogenfarben Auszug)
d) 1/5/2/4/3 (Körperfülle)
e) 2/4/5/3/1 (Antriebskraft)
f) 3/4/2/1/5 (Größe)
g) 5/1/3/2/4 (Einwohnerzahl)
h) 4/2/1/5/3 (Skelettaufbau)
i) 3/5/1/4/2 (Komfortstufen)
j) 2/1/5/3/4 (Farben und Zwischenstufen)

Zahl der richtigen
Ordnungen: .... Zeit: .... Min. .... Sek.   Punkte: ....

Wertungs- und Ordnungsübung 2

a) 6/1/5/2/4/3 (Inhaltsmenge)
b) 3/6/2/4/1/5 (Höhe)
c) 4/3/6/1/5/2 (Größe)
d) 2/1/3/5/6/4 (Umfang)
e) 1/3/5/2/4/6 (Stärke/Menge)
f) 6/4/2/5/3/1 (Größe)
g) 3/4/5/6/1/2 (Linsenzahl und Sichtweite)
h) 4/2/1/3/5/6 (Gesinnung)
i) 2/3/1/4/5/6 (Höhe)
j) 5/4/3/2/6/1 (Größe)

Zahl der richtigen

Ordnungen: .... Zeit: .... Min. .... Sek. Punkte: ....

Wertungs- und Ordnungsübung 3

a) 3/4/2/5/1/6 (Antriebskraft)
b) 5/1/4/2/6/3 (Sonnenentfernung)
c) 2/5/4/3/1/6 (Geograf. Reihe)
d) 5/4/3/2/6/1 (Hauptzugstrecke)
e) 6/3/4/2/5/1 (Wachsen)
f) 4/6/5/3/1/2 (Geogr. Reihe)
g) 6/4/2/5/3/1 (Größe)
h) 2/1/6/5/4/3 (Persönlichkeitsbegrenzung)
i) 6/5/3/2/1/4 (Lebenslauf)
j) 5/6/4/1/3/2 (Steigung/Neigung)

Zahl der richtigen

Ordnungen: .... Zeit: .... Min. .... Sek. Punkte: ....

Wertungs- und Ordnungsübung 4

a) 2/5/4/3/7/6/1 (Zeitfolge)
b) 5/3/4/2/1/7/6 (Höhe)
c) 7/2/4/1/3/6/5 (Mengenbegriffe)
d) 3/6/2/4/1/7/5 (Reihe der Breitengrade)
e) 3/1/5/4/2/6/7 (Höhe)
f) 6/4/1/2/3/7/5 (Länge)
g) 7/1/2/4/3/5/6 (Größe)
h) 4/2/1/5/7/3/6 (Reifezeit)
i) 5/2/7/1/4/3/6 (Größe)
j) 7/1/2/6/4/5/3 (Zeitfolge)

Zahl der richtigen

Ordnungen: .... Zeit: .... Min. .... Sek. Punkte: ....

Wertungs- und Ordnungsübung 5

a) 4/1/2/5/7/8/3/6 (Geometr. Reihe)
b) 5/8/7/1/2/3/4/6 (Zeitfolge)
c) 7/8/6/3/4/1/2/5 (Empfindungen)
d) 2/3/5/7/8/6/4/1 (Wertung)
e) 2/8/4/1/7/5/6/3 (Lautstärke)
f) 3/1/2/7/4/6/8/5 (Größe)
g) 6/4/7/3/5/1/8/2 (Stimmungen)
h) 6/4/7/5/8/2/3/1 (Höhe)
i) 3/1/6/4/7/8/2/5 (Dicke)
j) 8/2/4/3/7/5/1/6 (Größe/Durchmesser)

Zahl der richtigen
Ordnungen: .... Zeit: .... Min. .... Sek.   Punkte: ....

Wertungs- und Ordnungsübung 6

a) 2/10/4/1/5/3/8/6/9/7 (Gewichtsklassen, Boxen)
b) 4/5/1/10/8/3/7/9/6/2 (Zeitfolge)
c) 9/6/1/5/8/10/3/4/2/7 (Zeitfolge)
d) 1/5/2/9/10/6/4/3/7/8 (Griech. Alphabet)
e) 9/1/4/5/3/8/10/2/7/6 (Deutsche Monatsnamen)
f) 5/4/1/2/6/7/10/9/3/8 (Wertigkeit)
g) 8/9/6/7/2/1/5/4/3/10 (Phonzahl/Lautstärke)
h) 2/1/5/9/6/4/7/8/10/3 (Spannung)
i) 9/5/8/7/1/10/3/4/6/2 (Zustandsfolge)
j) 3/9/6/1/4/7/8/2/5/10 (Umfang)

Zahl der richtigen
Ordnungen: .... Zeit: .... Min. .... Sek.   Punkte: ....

Lösungsvorschläge zu den Übersetzungsübungen

Übersetzungsübung 1

a) Buchmenge unüberblickbar
b) Uraltes Problem
c) Keine Ergebnisse
d) Wiederholung unumgänglich
e) Gerader Weg zum Ziel
f) Er arbeitete den ganzen Tag
g) Merken Sie sich diese Worte
h) Sie gingen schnell

! Da viele gute Übersetzungen möglich sind, geben wir nur Vorschläge. Sie können andere Lösungen haben. Wichtig ist nur, daß Sie zu möglichst kurzen Formulierungen kommen und: Daß solche Übungen konzentriert durchgeführt werden.

Übersetzungsübung 2

a) Geiz wird nie satt
b) Fragen → Erkenntnisse
c) Tiefatmung entspannt
d) Mehrwöchige Trockenheit verdorrte Ernte
e) Seine Häßlichkeit erschreckte
f) Gemeinwohl verpflichtet jeden
g) Müßiggang ist aller Laster Anfang
h) Die freieste Verfassung ist die beste
i) Chemiestudium dauert am längsten

Übersetzungsübung 3

a) Handwerksbräuche herrschen noch
b) Erfolge verlangen kontinuierliches Üben
c) Der Omnibus war überfüllt
d) Das Essen war reichhaltig und gut
e) Ein schwer auszusprechender Name
f) Es wurde um Weihnachten geboren
g) Auswendiglernen: wenig Nutzen
h) Beschwerden erzwangen Bettruhe
i) Vor über 50 Jahren: Weltkrieg I
j) Düsseldorf — Wiesbaden = 200 km

Übersetzungsübung 4

a) Einsamkeit inmitten vieler
b) Nagel: Reifen platzte
c) Er schenkte ihr Rosen
d) Das Geld war alle
e) Wohnung im obersten Stockwerk
f) Arzt: Nur strenge Diät kann Ihr Leben erhalten
g) Viele Türmchen zierten das Schloß
h) Alle schwiegen
i) Jung gewohnt — alt getan
j) Alle Türen fest verschließen

Übersetzungsübung 5

a) Weite Röcke außer Mode
b) Er verteilte gern billige Ratschläge
c) Fisch ist meist billiger als Fleisch
d) Die eingerosteten Schrauben ließen sich auch nicht gewaltsam lösen
e) Das Gebäude muß völlig renoviert werden
f) Sie hatte das Glück, 12 Rebhühner zu erlegen
g) Der Postbote überreichte ihm einen gewichtigen Brief
h) In Preisausschreiben gewannen sie noch nie
i) Es handelt sich um naturgereifte Früchte
j) Vorschriften beachten, Folgeschäden vermeiden
k) Er war zum Vizedirektor aufgestiegen
l) Unrecht Gut gedeiht nicht

Übersetzungsübung 6

a) Es wird noch jahrelang dauern
b) Wir erlebten: Versprechungen sind unhaltbar
c) Frisches Obst wird an Wochenenden zu teuer verkauft
d) Niemand konnte (es) reparieren
e) Wegen langer Nutzung mußte die ganze Wohnung renoviert werden
f) Nach vergeblichen Bemühungen anderer löste Herr Kluge das Problem
g) Das Paket war zu groß, um von einem transportiert zu werden
h) Steter Tropfen höhlt den Stein

Übersetzungsübung 7

a) Stilwandel: Bauen mit Fertigteilen und Bevorzugung von Flachdächern
b) Moderne Züge: verkürzte Fahrtzeit, bequemes, sicheres Reisen
c) Der Winter naht
d) Gleichzeitiger Ferienbeginn in Ländern und Großbetrieben brachte Verkehr zum Erliegen
e) Die Vorstellung war einschläfernd langweilig
f) Dieser Weg führt geradeaus zu Ihrem Ziel

Übersetzungsübung 8

a) Ergreifende Feierstunde beeindruckte Teilnehmer
b) Die nervös gesuchte Fahrkarte fand sich in einem Papiertaschentuch
c) In diesem Seminar muß hart gearbeitet werden
d) Die Betriebsfeste finden (in Planung und Durchführung) allgemeinen Anklang
e) Die Trabantenstadt besitzt viele Grünanlagen

Übersetzungsübung 9

a) Nach sorgfältigen Vorbereitungen fuhren sie in Urlaub
b) Verpackungsvorschriften streng einhalten, sonst kein Schadenersatz
c) Das Publikum begeisterte. sich an den Glanzleistungen der Wettkämpfer (Rekord durch Lokalmatador)
d) An der fehlenden Hälfte der Arbeitnehmer zeigte sich, wie abhängig man von Menschenarbeit war.

Übersetzungsübung 10

a) Kybernetik und Informationstheorie befruchteten die Psychologie.
b) Kunden unterliegen in ihrem Kaufentschluß mitunter den Suggestionen geschulter Verkäufer.
c) Vorsicht mit subjektiven Urteilen, man kann alles von verschiedenen Standpunkten beurteilen.

Übersetzungsübung 11

a) Holzabfälle sind wirtschaftlicher Rohstoff für Spanplatten, die vielerorts Originalholz verdrängen.
b) Um schädliche Insekten wirksam zu bekämpfen, wurden spezielle Lichtfallen konstruiert.
c) Trockeneis ist verfestigtes Kohlensäuregas.

Übersetzungsübung 12

a) Auch Kinderlose müssen in Form von Steuern die Ausbildung unserer Kinder finanzieren.
b) Erhaltung und Verteilung der Wasservorräte wird zu einem weltweiten Politikum anwachsen.
c) Zu Beginn der Industrie war handwerkliches Können wichtigste Arbeitsgrundlage.

Lösungsvorschläge zu den Zusammenfassungsübungen

Zusammenfassungsübung 1

a) Aquanauten untersuchen Lebensbedingungen im Meer.
b) Butterine, Mischprodukt aus Butter und Margarine soll Butterberg abtragen.
c) Arrogante Autofahrer heißen Radler: Chausseeflöhe
d) Diversifikation = Vielseitigkeit des Angebotes.

Zusammenfassungsübung 2

a) Ende der 1800 einsetzenden Industrie-Revolution nicht abzusehen.
b) Fachidioten besser als Vollidioten
c) Familienplanung gegen Paragraph 218

Zusammenfassungsübung 3

a) Haar und Nägel sind verhornender Eiweißstoff in äußeren Hautschichten.
b) Geriatrie verheißt verlängertes Leben.
c) Nulltarif spart Kosten für alle.

Zusammenfassungsübung 4

a) Durchdachte Lebensmittelbevorratung gehört zu sinnvoller Haushaltsplanung, um Engpässe überwinden zu können.
b) Training im rationellen Lesen bringt Gewinne auch für jede andere geistige Tätigkeit.

Zusammenfassungsübung 5

a) Richtiger Einsatz von Alleskönnern trägt zur Rationalisierung der Büroorganisation bei.
b) Schlaf als Lebensbedürfnis ist unentbehrlich, um das Zentralnervensystem zu erholen und neue Stoffwechselreserven bereitzustellen.

Zusammenfassungsübung 6

a) Furcht ist die Ursache für Grausamkeit.
b) Die Wahrnehmung von Farben beruht nicht nur auf dem Gesichtssinn.

Auswertung und Lösungsvorschläge zu den Umpolungsübungen

Lösungsvorschläge

Umpolungsübung 1

			Auswertung	
			Zahl der notierten Gegenbegriffe	Benötigte Zeit Min/Sek.
kalt	häßlich	hart		
klug	falsch	klein		
entspannt	unerfahren	ungesichert		
erregt	offenherzig	getadelt		
errötet	entkrampft	tiefgründig		
hartherzig	verschwende-tisch	konzentriert		
gestrafft	aufrecht	lebensvoll		
kompliziert	breit	weit		
eben	glatt	geglättet		
uni	grau	stumpf	....	.... / ....

Umpolungsübung 2

essigsauer	gallebitter		
unwillig	widerspenstig		
offen	bereitwillig		
mangelhaft	fehlerhaft		
vorsichtig	ängstlich		
glatt	faltenlos		
gelassen	gelockert		
entenlahm	schnecken-langsam		
blank	klar		
bescheiden	zurückhaltend		
frohgelaunt	gutlaunig		
eisenhart	granitfest		
makelhaft	fehlervoll		
grobschlächtig	plump		
witzlos	nachgeahmt	....	.... / .. ..

Umpolungsübung 3

			Zahl der notierten Gegenbegriffe	Benötigte Zeit Min/Sek.
unaufmerksam	gleichgültig	desinteressiert		
äußerlich	unbeteiligt	unberührt		
überirdisch	transzendental	himmlisch		
abweisend	zurückhaltend	mißgünstig		
erwärmt	herzlich	warmherzig		
dumm	unintelligent	unklug		
lustig	frohbewegt	angeregt		
haßerfüllt	abweisend	kalt		
maßvoll	bescheiden	zurückhaltend		
abschreckend	tadelnswert	ungenügend		
unfreundlich	lieblos	unsympatisch		
wichtig	wertvoll	maßgebend		
rücksichtslos	brutal	egoistisch		
dürr	mager	klapprig		
schmutzig	unordentlich	unrein	....	.... / ....

Umpolungsübung 4

mühelos	leicht	einfach
anormal	unnormal	außergewöhnlich
tiefgründig	innig	sorgfältig
gemächlich	beschaulich	betulich
sündig	verworfen	unsittlich
schamlos	frech	abszön
oberflächlich	gedankenarm	obenhin
ernst	traurig	niederschmetternd
würdig	seriös	reif
nachteilig	unvorteilhaft	nutzlos
engherzig	verschlossen	abweisend
gesammelt	konzentriert	aufmerksam
hell	licht	offenherzig
ausdrucksstark	ausdrucksvoll	beeindruckend
teuer	wertvoll	kostenheischend

.... / ....

Umpolungsübung 5

			Zahl der notierten Gegenbegriffe	Benötigte Zeit Min/Sek.
ungefährlich	harmlos	zugetan		
prächtig	herrlich	prachtvoll		
weich	veränderlich	unwesentlich		
trocken	quatschnaß	gedörrt		
unhöflich	vorlaut	patzig		
mangelhaft	unvollkommen	real		
direkt	geradezu	geradewegs		
versehrt	gestört	beschädigt		
äußerlich	auswendig	draußen		
ernsthaft	seriös	ernst		
bedeckt	bewachsen	dicht		
niederge-	geknickt	niederge-		
drückt		schlagen		
unökono-	unwirt-	verschwen-		
misch	schaftlich	derisch		
verschlossen	zurückgezogen	abweisend		
unparteiisch	neutral	offenlassend	....	.... / ....

Umpolungsübung 6

gut	schön	untadelig		
ruhig	still	ausgeglichen		
sinnvoll	klug	bedacht		
abgeklärt	gleichgültig	abstandhaltend		
beteiligt	anteilnehmend	interessiert		
konzentriert	geschlossen	einig		
ungeplant	verworren	planlos		
ganz	voll	komplett		
glatt	trocken	abstoßend		
abstoßend	unerfreulich	rauh		
eben	versiegelt	glatt		
unpassend	anders	abweichend		
intolerant	unnachgiebig	rücksichtslos		
gleitend	langsam	gemächlich		
vernünftig	ausgeklügelt	intelligent	....	.... / ....

146

Lösungsvorschläge zu den Strukturübungen

Strukturübung 1

a) Denkübungen	b) fehlverlegte Schicht	c) Uneinigkeit ü.Rollen
geist. Beweglichk.	Kondensatbildung	Streit

Strukturübung 2

a) starke Sonne	b) Orkan	c) Team
Lederhaut	Schäden	Problemlösung
d) langes Üben	e) Werbung	f) Hydraulik
Perfektion	mehr Umsatz	bewegte Autofenster
g) Keine Schädlings-bekämpfung	h) fehlende Argumente	i) Rhetorik
schlechte Ernte	Unterlegenheit	beeindruckt Hörer

Strukturübung 3

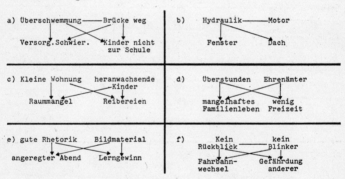

a) Alkohol → vermind. Reaktion / geringe Fahrtücht.

b) falsche Haltung → Ermüdung / Konzentr Mangel

c) Kenntnisse → Ruf / Einkommen

d) Eigenwilligkeit → V.-Chef geht → keine V.-Erfolge

e) Gründe → Überzeugung → Entgegenkommen

f) Wärme → Blumen blühen → Zimmerschmuck

g) U-Bahn-Bau → Lärm / Staub

h) Hochhaus → Schatten → behind. Wachstum

i) Anruf → Erschrecken / Buch fällt

Strukturübung 4

a) Überschwemmung — Brücke weg → Versorg. Schwier. / Kinder nicht zur Schule

b) Hydraulik — Motor → Fenster / Dach

c) Kleine Wohnung / heranwachsende Kinder → Raummangel / Reibereien

d) Überstunden / Ehrenämter → mangelhaftes Familienleben / wenig Freizeit

e) gute Rhetorik / Bildmaterial → angeregter Abend / Lerngewinn

f) Kein Rückblick / kein Blinker → Fahrbahnwechsel / Gefährdung anderer

Strukturübung 5

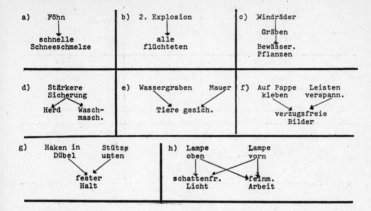

a)   Föhn

     schnelle
     Schneeschmelze

b)   2. Explosion

     alle
     flüchteten

c)   Windräder

           Gräben

     Bewässer.
     Pflanzen

d)   Stärkere
     Sicherung

     Herd   Wasch-
             masch.

e)   Wassergraben   Mauer

          Tiere gesich.

f)   Auf Pappe   Leisten
     kleben   verspann.

          verzugsfreie
          Bilder

g)   Haken in   Stütze
     Dübel   unten

          fester
          Halt

h)   Lampe   Lampe
     oben   vorn

     schattenfr.   feinm.
     Licht   Arbeit

Strukturübung 6

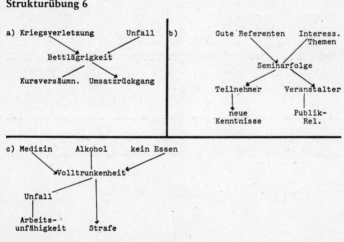

a) Kriegsverletzung   Unfall

          Bettlägrigkeit

   Kursversäumn. Umsatzrückgang

b)
   Gute Referenten   Interess.
                      Themen

          Seminarfolge

   Teilnehmer   Veranstalter

      neue   Publik-
      Kenntnisse   Rel.

c) Medizin   Alkohol   kein Essen

          Volltrunkenheit

   Unfall

   Arbeits-
   unfähigkeit   Strafe

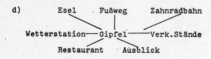

d)   Esel   Fußweg   Zahnradbahn

   Wetterstation—Gipfel—Verk.Stände

      Restaurant   Ausblick

Strukturübung 7

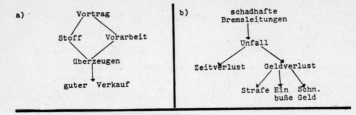

a)
```
              Vortrag
        Stoff      Vorarbeit
            überzeugen
          guter  Verkauf
```

b)
```
            schadhafte
            Bremsleitungen
               Unfall
      Zeitverlust    Geldverlust
                  Strafe  Ein  Schm.
                          buße  Geld
```

Strukturübung 8

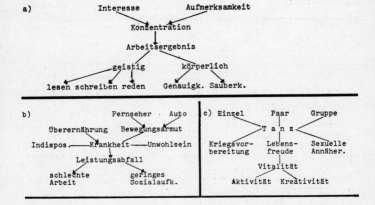

a)
```
      Interesse        Aufmerksamkeit
           Konzentration
           Arbeitsergebnis
       geistig        körperlich
   lesen schreiben reden  Genauigk. Sauberk.
```

b)
```
              Fernseher  Auto
      Überernährung  Bewegungsarmut
  Indispos.——Krankheit——Unwohlsein
          Leistungsabfall
   schlechte         geringes
   Arbeit            Sozialaufk.
```

c)
```
   Einzel    Paar    Gruppe
            T a n z
   Kriegsvor-  Lebens-    Sexuelle
   bereitung   freude     Annäher.
              Vitalität
          Aktivität Kreativität
```

Strukturübung 9

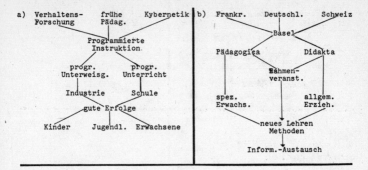

a) Verhaltens-Forschung — frühe Pädag. — Kybernetik

Programmierte Instruktion

progr. Unterweisg. — progr. Unterricht

Industrie — Schule

gute Erfolge

Kinder — Jugendl. — Erwachsene

b) Frankr. — Deutschl. — Schweiz

Basel

Pädagogica — Didakta

Rahmen-veranst.

spez. Erwachs. — allgem. Erzieh.

neues Lehren Methoden

Inform.-Austausch

Strukturübung 10

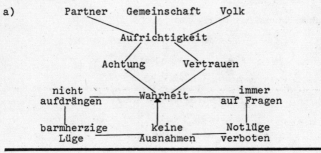

a) Partner — Gemeinschaft — Volk

Aufrichtigkeit

Achtung — Vertrauen

nicht aufdrängen — Wahrheit — immer auf Fragen

barmherzige Lüge — keine Ausnahmen — Notlüge verboten

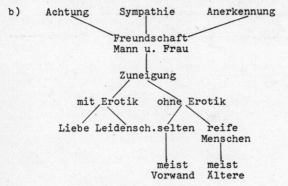

b) Achtung — Sympathie — Anerkennung

Freundschaft Mann u. Frau

Zuneigung

mit Erotik — ohne Erotik

Liebe Leidensch.selten — reife Menschen

meist Vorwand — meist Ältere

Strukturübung 11

a)
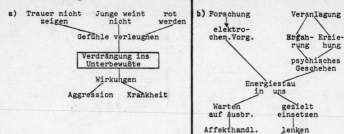

```
Trauer nicht    Junge weint    rot
   zeigen          nicht      werden
          Gefühle verleugnen
         ┌─────────────────────┐
         │ Verdrängung ins      │
         │ Unterbewußte         │
         └─────────────────────┘
              Wirkungen
       Aggression    Krankheit
```

b)
```
Forschung                Veranlagung
   elektro-
   chem.Vorg.        Erbgah-  Erzie-
                      rung     hung
                        psychisches
                        Geschehen
              Energiestau
               in uns
      Warten            gezielt
    auf Ausbr.         einsetzen
    Affekthandl.        lenken
             planen    methodis.
                  kontrollieren
```

Strukturübung 12

a)
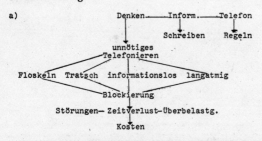

```
      Denken─────Inform.─────Telefon
                  Schreiben   Regeln
          unnötiges
          Telefonieren
Floskeln Tratsch informationslos langatmig
              Blockierung
     Störungen─ Zeitverlust─Überbelastg.
                  Kosten
```

b)
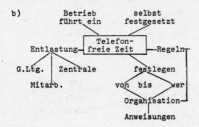

```
        Betrieb         selbst
        führt ein     festgesetzt
           ┌─────────────┐
           │ Telefon-    │
Entlastung─│ freie Zeit  │─Regeln┐
           └─────────────┘
   G.Ltg.   Zentrale    festlegen
   Mitarb.          von bis    wer
                  Organisation─
                  Anweisungen
```

Strukturübung 13

a)

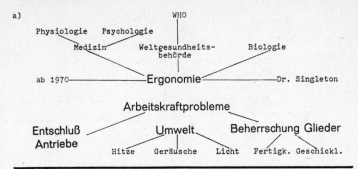

Strukturübung 14

a)

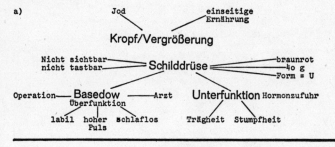

b)

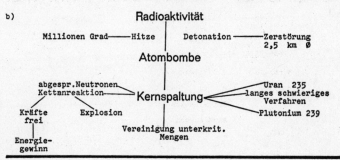

Strukturübung 15

a)

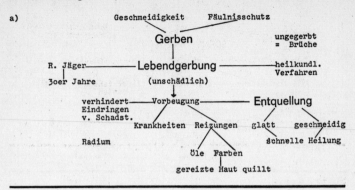

b)

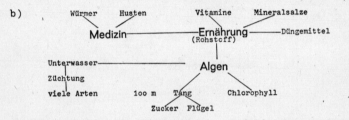

Strukturübung 16

a)

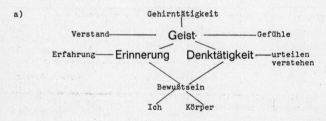

b)

Intelligenz   Dumme
nicht

Suggestiv   **Angst**   Nervosität
ansteckend   **Minderwertigkeits-**   Körperschäden

Korrekturwunsch——— **Gefühl** ———— Unglücklich

Schwäche   Krankheit   tieferstehend
fühlen

überlegen
a.and.Geb.—Unterlegen-   Unterdrückung
heitsempf.

Strukturübung 17

a)

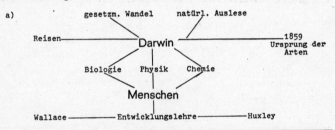

gesetzm. Wandel   natürl. Auslese

Reisen———————— **Darwin** ————————1859
Ursprung der
Arten

Biologie   Physik   Chemie

Menschen

Wallace————— Entwicklungslehre———Huxley

---

b)   Shakespeare ——— Moral   Verstand

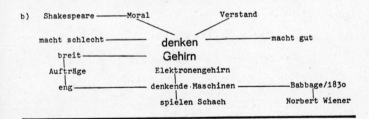

macht schlecht ——— **denken** ——— macht gut

breit ——— **Gehirn**

Aufträge   Elektronengehirn

eng ——— denkende·Maschinen ——— Babbage/1830

spielen Schach   Norbert Wiener

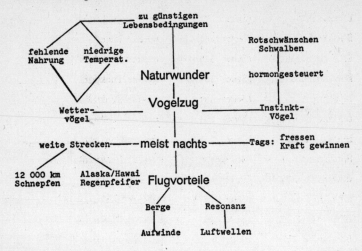

Kontrolliste zu den Blitzkartenübungen

Blitzkartenübung 1 (Seite 20)   erreichte Punktzahl ....

Blitzkartenübung 2 (Seite 26)   erreichte Punktzahl ....

Blitzkartenübung 3 (Seite 32)   erreichte Punktzahl ....

Blitzkartenübung 4 (Seite 38)   erreichte Punktzahl ....

Blitzkartenübung 5 (Seite 44)   erreichte Punktzahl ....

Blitzkartenübung 6 (Seite 50)   erreichte Punktzahl ....

Blitzkartenübung 7 (Seite 52)   erreichte Punktzahl ....

Blitzkartenübung 8 (Seite 58)   erreichte Punktzahl ....

Blitzkartenübung 9 (Seite 64)   erreichte Punktzahl ....

Blitzkartenübung 10 (Seite 70)   erreichte Punktzahl ....

Blitzkartenübung 11 (Seite 76)   erreichte Punktzahl ....

Blitzkartenübung 12 (Seite 82)   erreichte Punktzahl ....

Blitzkartenübung 13 (Seite 88)   erreichte Punktzahl ....

Blitzkartenübung 14 (Seite 94)   erreichte Punktzahl ....

Blitzkartenübung 15 (Seite 100)   erreichte Punktzahl ....

Blitzkartenübung 16 (Seite 106)   erreichte Punktzahl ....

Blitzkartenübung 17 (Seite 112)   erreichte Punktzahl ....

Blitzkartenübung 18 (Seite 118)   erreichte Punktzahl ....

Lösungen und Auswertung zu den Gliederungsübungen

So errechnen Sie Ihre Punkte:

Multiplizieren Sie die Zahl der richtigen Gliederungen mit einem der folgenden Werte (je nach Zeitaufwand):

Übungszeit   bis zu 2 Minuten   = 20
Übungszeit über 2 Minuten bis zu 3 Minuten   = 12
Übungszeit über 3 Minuten bis zu 4 Minuten   = 8
Übungszeit über 4 Minuten bis zu 5 Minuten   = 4
Übungszeit über 5 Minuten bis zu 7 Minuten   = 2
Übungszeit über 7 Minuten   = 1

Lösungen

Richtige Gliederungen

Gliederungsübung 1

B) b−c−a
C) b−c−a
D) a−c−b
E) b−c−a
F) a−c−b

Gliederungsübung 2

A) c−a−d−b−e
B) b−d−e−c−a
C) d−b−a−e−c
D) e−c−d−b−a
E) c−a−b−e−d

Gliederungsübung 3

A) b−a−d−c−f−e
B) f−c−d−e−a−b
C) b−f−e−d−a−c
D) c−e−a−f−b−d
E) d−b−f−e−c−a

Gliederungsübung 4

A) g−d−c−f−b−e−a−b
B) b−a−d−c−f−g−e−h
C) g−d−c−f−a−e−h−b
D) c−h−e−b−g−a−f−d
E) h−a−g−b−f−c−e−d

Gliederungsübung 5

A) e−j−c−b−h−g−d−a−f−i
B) i−e−g−j−h−c−d−f−b−a
C) e−j−c−i−a−f−h−b−g−d
D) c−e−g−j−d−a−b−i−f−h
E) d−f−i−b−g−e−j−a−h−c

Gliederungsübung 6

A) f−h−c−g−i−b−j−e−k−a−l−◄
B) d−l−g−j−h−a−e−k−b−i−f−◄
C) d−a−g−i−l−k−e−c−h−j−f−►

Lösungsvorschläge zu Sonderübungen

Sonderübung 1

a) ... »Drauf, daß sie einander nie begegnen!«
b) ... »Unmittelbar darauf kommt der Sohn zurück, nimmt den Papagei und geht wortlos aus dem Zimmer.«
c) ... »Ich habe es besser, denn mich können sie nicht mehr unglücklich machen!«
d) ... »Wir können es uns leisten, endlich wieder zu Fuß zu gehen!«
e) ... Hier geben wir kein Ende der Geschichte, denn an ihr ergibt sich für die Phantasie eine große Zahl von Möglichkeiten.

Sonderübung 4

Eine Mutter zog ihr sich sträubendes Kind nach vorn, deutete auf London und sagt: »Guck, so blaß wirst du auch, wenn du deinen Reis nicht ißt!«

Aus der Menge löste sich eine Gruppe von Männern, eine Abordnung bildend trat sie unter das Fenster. Sie baten ihn um Hilfe. Jeder wußte etwas anderes vorzubringen. Von Krankheit sprachen die einen, von Schäden des Krieges die anderen. Aus ihren Bitten war das große Vertrauen zu sehen, welches man in die »weisen Männer« des Landes über dem östlichen Meer setzte.

Die Menge schwieg. Nur die Männer wiesen abwechselnd auf den Mann im Fenster und auf sich selbst. Als London später einen Landeskundigen fragte, was die Zeremonie zu bedeuten hätte, sagte ihm dieser, daß die Männer ihren Frauen nur zeigen wollen, welches Glück sie mit ihnen hätten und daß sie nicht mit einem so häßlichen Wesen verheiratet seien.

Sonderübung 5

Zuneigung, Liebe, Zufriedenheit
Frohsinn, Spaß, Gewinn
Tod, Verlust, Abschied
Wissen, Handeln, Ansehen
Fehltritt, Versuchung, Strafe
Mädchen, Kunstwerk, Augenweide
Unberührtheit, Anstand, Aufrichtigkeit
Philosophie, Einstellung, Wertbegriff
Verhalten, Benehmen, Anschauung
Lernen, Können, Meisterschaft
Ehre, Einkommen, Erfolgserlebnis
Zorn, Streit, Auseinandersetzung
Kummer, Niedergeschlagenheit, Tyrann
Kleidung, Suggestion, Zeitgeschehen
Gemälde, Musik, Bauwerke
Religion, Andacht, Gebet
Einkehr, Ruhe, Schweigen
Besinnung, Selbstentfaltung, Verinnerlichung
Größe, Gott, Pracht
Künstler, Konstrukteur, Vorstellungskraft

Sonderübung 6

Elektrizität

Haushalt — Licht — Lampe — Glühbirne — Hitze — Ofen — Feuer — Streichholz — Zigarette — Raucher — Gesundheit — Krankheit — Arzt — Patient — Medizin — Apotheke — Verkäufer — Geschäft — Einkauf — Lebensmittel — Essen — Mahlzeit — Tisch — Decke — Wäsche — Seife — Bad — Schwimmer — Sport — Sportplatz — Tribüne

Kraftwerk — Hochspannung — Mast — Schiff — Matrose — Uniform — Soldat — Krieg — Kanonen — Panzer — Ketten — Gefangenschaft — Kerker — Freiheit — Freier — Sklave — Neger — Afrika — Urwald — Affen — Zoo — Käfige — **Wärter** — **Aufsicht** — **Amts**person — Amt — Finanzamt — Geld — Wechsel — Bank — Kasse — Kassierer — Überfall — usw.

Sonderübung 7

linke Spalte
(nacheinander)   1 — 4 — 8 — 2 — 7 — 6 — 3 — 1 — 4 — 4 — 6 — 5
rechte Spalte   5 — 3 — 8 — 5 — 6 — 2 — 2 — 3 — 4 — 2 — 7 — 5 — 6 — 8

Sonderübung 11

1/J	10/M	19/W
2/U	11/H	20/K
3/C	12/R	21/T
4/L	13/E	22/N
5/Q	14/Y	23/S
6/F	15/P	24/D
7/O	16/G	25/I
8/V	17/X	
9/B	18/A	

Sonderübung 12

Es gehören nicht dazu:

1.) Fasane
2.) Tiger
3.) Messer
4.) Fahrrad, Pferdewagen
5.) Apfelsinen, Mandarinen
6.) Messing, Bronze
7.) Lärche, Fichte
8.) Kamille, Kornblume
9.) Tanz, Bar
10.) Bilder, Karikaturen
11.) Nägel, Schrauben, Bohrer
12.) Saal, Arkaden
13.) Studentenfutter, Johannisbrot
14.) Mühle, Dame, Halma
15.) Lettland, Serbien
16.) Brillant, Bernstein, Koralle
17.) Jütland, Cornwall, Labrador
18.) Violine, Klavier, Cello.